지속가능에너지로
세상 밝히기

지속가능에너지로 세상 밝히기

발행일	2021년 12월 31일		
지은이	김혜림		
펴낸이	손형국		
펴낸곳	(주)북랩		
편집인	선일영	편집	정두철, 배진용, 김현아, 박준, 장하영
디자인	이현수, 한수희, 허지혜, 안유경	제작	박기성, 황동현, 구성우, 권태련
마케팅	김회란, 박진관		
출판등록	2004. 12. 1(제2012-000051호)		
주소	서울특별시 금천구 가산디지털 1로 168, 우림라이온스밸리 B동 B113~114호, C동 B101호		
홈페이지	www.book.co.kr		
전화번호	(02)2026-5777	팩스	(02)2026-5747

ISBN   979-11-6836-086-0 03370 (종이책)   979-11-6836-087-7 05370 (전자책)

(주)북랩 성공출판의 파트너

북랩 홈페이지와 패밀리 사이트에서 다양한 출판 솔루션을 만나 보세요!

홈페이지 book.co.kr   •   **블로그** blog.naver.com/essaybook   •   **출판문의** book@book.co.kr

작가 연락처 문의 ▸ ask.book.co.kr

작가 연락처는 개인정보이므로 북랩에서 알려드릴 수 없습니다.

주제중심 융합예술교육부터 사회적 캠페인까지

지속가능에너지로
세상 밝히기

김혜림 지음

북랩 book Lab

이 책은 '지속가능에너지'라는 특정 주제를 토대로 한 융합예술교육과 관련된 지난 프로젝트의 회고록이자 한 교사의 실천 후기입니다. 세계적으로 저명한 언어학자인 칙센트미하이Mihaly Csikszentmihalyi는 언어의 역할을 '삶의 창조자'라고 표현합니다. 그에 따르면, 언어 그리고 문학은 "개인적인 경험의 폭을 확대시킴으로써 삶을 풍요롭게 해주는" 근원이자 매개입니다. 저자는 특히 "작가는 현실이나 상상의 사건들을 기록하면서 여러 가지 양상에 이름을 붙이고 언어를 통해 유지시킴으로써 덧없이 흘러가 버리는 경험을 붙잡는다."라는 칙센트미하이의 발언이 교사의 교육적 기록 작업에 대한 가치를 증명한다고 생각했습니다. 그래서 교사는 프로젝트를 진행하는 동안, 아이들의 언어와 발자취를 기록해왔습니다.

교사의 기록은 깊이 있는 관찰을 바탕으로 아이들의 행동 양상 및 사회적 상호작용 등을 총칭하는 '사실'에 집중한다는 점에서 현실의 사건을 기록한다고 할 수 있습니다. 그러나 제아무리 사건에 대한 기록이라 할지라도, 교사의 기록 작업은 그 자체가 성인의 주관적 개입을 배제할 수 없는 영역임에 틀림이 없습니다. 이것은 마치 역사는 승자에 따라 달라진다는 '기록자에 대한 권위'나 혹은 작가에 따라 집중적으로 기술하는 맥락이 다른 '장르의 다양성'과도 상통할 것입니다. 이 때문에 교사는 프로젝트 내내 아이들의 발언을 녹음하고, 그들의 행동 양상을 촬영하는 데에 집중했고, 유의미한 움직임을 있는 그대로 서술하기 위해 노력했습니다.

그러나 다른 한편에서 의미를 부여하지 않는, 지나치게 '객관적인' 기록에만 치우쳐 있는 교사들의 모습을 생각해보았습니다. 이러한 기록은 유아의 가능성과 잠재력에 크게 집중하기보다는 단순히 그들의 발달 수준을 평가하는 경향을 보이곤 합니다.

"자세히 보아야 예쁘다. 오래 보아야 사랑스럽다. 너도 그렇다."

한때 연인 사이에서 혹은 관계를 맺는 사회적 구성원 사이에서 꽤 유명한 글귀였습니다. 교사와 유아도 관계와 만남 속에서 공존합니다. 이 책을 집필하기 위해 수업 전개 시의 녹음 기록을 전사하고, 사진 속 행동 양상을 관찰하니 수업을 할 당시에는 미처 파악하지 못했던 아이들의 수많은 잠재력과 창의적인 사고력을 확인할 수 있었습니다.

유명한 교육학자 Dahlberg의 저서인 「포스트모던 유아교육: 새로운 이해와 실천을 열어가기」에서는 '만남의 윤리'와 '공공의 대화의 장'을 위한 기록 작업으로 교육적 기록을 파악합니다. 즉, 교육적 기록 작업은 단순한 '관찰'이 아닌 어린이와 교육자에게 새로운 의미를 부여하는 과정으로서 진행되어야 한다는 것입니다. 이 때문에 교사는 기록 작업 과정에서 아이들의 모습을 관찰하고 묘사하는 것에서 나아가 아이들이 왜 그러한 행동 양상을 보였는지를 추측해보고, 그 상황에서 교육적으로 의미 있는 맥락은 무엇인지를 파악하는 것을 동반했습니다.

이러한 작업 속에서 우리가 발견할 수 있는 것은 바로 "보세요. 내가 무엇을 할 수 있고 무엇을 아는지!"라고 외치는 아이들의 자부심 가득한 외침일 것입니다. 아이들은 이번 프로젝트를 통해 '지속가능에너지'라는 생소한 주제를 탐구하고 주변 환경을 개선하기 위한 다양한 문제해결 능력을 함양하며, 나아가서는 시민사회로의 사회적 참여를 시도할 줄 아는 모습을 보였습니다. 그리고 아이들이 발휘했던 도전 의식과 창의적 성취를 기억하고 추억하기 위해 교사는 펜을 들었습니다. 지난 프로젝트에 대한 구체적인 기록물은 이후의 성장 과정에서 아이들의 잠재력을 발현시키기 위한 새로운 교육적 자원이 될 것이며, 또는 그 자체가 창조적 산출물로 자리매김할지도 모릅니다.

1. 아이들의 인지 발달과 자연에의 애착

아이들은 커가면서 점차적으로, 혹은 아주 어린 시절부터 선천적으로 자연에서 노는 것을 좋아합니다. 흔히들, 유아교육학자들은 물활론적 관점에 근거하여 자연에 대한 유아의 흥미를 설명하곤 합니다. '물활론적 사고'는 대부분의 아이가 성장 과정에서 공통으로 보이는 지각적 오류 현상을 특성화하여 명명하는 말입니다. 즉, '이 세상에 존재하는 모든 물체에 생명력이 깃들여져 있다.'라고 여기는 어린 시절의 순수한 사고 특성을 통칭하는 것입니다. '물활론적 사고'는 2세 무렵부터 나타나기 시작하여 나이가 많아짐에 따라 크게 4가지 단계를 거치게 됩니다. 예컨대, 처음에는 '주변의 모든 사물이 살아있다.'라고 믿는 다소 단순한 신념이 아이가 커감에 따라 '움직이는 것'은 살아있는 대상으로, '움직이지 않는 것'은 죽어 있는 대상으로 분류할 줄 아는 이분법적인 사고로 발전합니다. 이보다도 더욱 발전된 형태로서 상대적으로 조금 더 자란 4세에서 5세의 유아들은 움직이는 것 중에서도 스스로의 의지를 토대로 움직이는 대상만을 살아있는 존재로 간주할 줄 알게 됩니다. 마지막으로, 마침내 아이는 점차 보다 생물학적인 생명관에 근거하여 생물과 무생물의 범주를 생성해내게 됩니다.

어쨌거나, 이렇듯 물활론적인 사고를 지닌 아이들은 움직이는 동물이나 생장하는 식물에 자신의 감정을 투영하여 대상의 생김새나 상태에 관심을 보이게 됩니다. 이보다 더 큰 유아들의 경우에는 윤리적 관점에서 생물의 생존과 멸종에 주의를 기울이게 되는데, 이는 아이들이 가진 주변 환경과의 상호작용과 크게 연관되기 마련입니다. 예컨대, 내가 키우는 동식물의 상태가 가시적인 변화를 보인다거나, 주변에서 흔히 봐왔던 아름다운 자연이 훼손되고 있다거나 하는 경우에 아이들은 직간접적인 감정의 변화를 체감할 수 있습니다. 이런 이유에서, 아이들을 둘러싼 인적 그리고 물적 환경을 비롯한 자연환경은 보존되어야 마땅하고, 보다 바람직한 방향으로 변화되어야 함이 분명합니다.

이 책에서는 환경에 대한 아이들의 관심과 그들 주변의 환경적 특성이 가진 교육적 가치를 바탕으로 지구촌 곳곳의 환경오염실태와 이를 위한 국제사회의 흐름에 주목하고 있습니다. 그리고 '지속가능에너지'라는 국제적 관심사를 유아시기 아이들의 환경에 대한 관심으로 상통 시켜 온 지난 지속가능교육 프로젝트의 교육 성과에 대해 기록하고자 했습니다.

2. 지속가능에너지를 주제로 한 교육

지속가능에너지는 성인들에게도 꽤 낯선 단어일 것입니다. 지속가능에너지란 "미래 세대의 필요를 위해 지속 가능하게 에너지를 생성할 수 있는 친환경적인 자원과 이를 바탕으로 만들어내는 에너지원"을 의미합니다. 현대의 인류는 주어진 자원의 유한성을 인식하고 과학기술의 양면성으로부터 지구 환경을 보존하고자 할 의무를 지닙니다. 다시 말해서, 현세대의 필요를 충족시키는 것과 동시에 미래 세대의 필요 또한 보장되어야 합니다. 국제사회에서는 이러한 범지구적 차원의 노력을 '지속가능발전(Sustainable Development)'이라고 통칭합니다. 지속가능발전을 실현하기 위해서는 인간의 사고방식과 행동을 변화시켜야 합니다. 즉, 지속가능발전은 현대 사회를 살아가는 인류 전체의 계몽이 필요하며, 이러한 변화의 시발점은 교육을 통해 이뤄질 수 있습니다. 2016년부터 국제사회는 인류의 번영을 위한 지속가능발전을 추구하고자 공동의 목표를 설정하였습니다. 이 새로운 목표는 2015년도 UN 개발정상회의에서 제시한 '우리 세계의 변혁: 2030 지속가능개발의제(Transforming Our World: The 2030 Agenda for Sustainable Development: 이하 2030 개발의제)에도 반영되어 있습니다.

따라서 유아는 급변하는 과학기술사회에 적응해야 하는 미래 시민으로서 기술과 사회, 인간과 자연의 유기적인 관계성을 이해할 수 있어야 하며 이와 관련된 지속가능발전교육 내용은 아이들이 접하는 교육의 전반에 포함되어야 할 것입니다. 특히 어린 아이들을 위한 교육은 학습자의 경험과 흥미에 기반하여 융통적으로 운영되는 특성을 보이기 때문에, 교육의 방향성 전반에 시대적 흐름과 변화가 명료하게 반영될 필요가 있습니다. 이와 관련해서 다수의 교육선진국의 경우, 국가 수준의 유치원 과학교육 과정의 목적 혹은 교육내용에 지속가능발전교육과 관련된 환경학 또는 생태학적 관점을 포함하고 있습니다. 예컨대, 미국의 캘리포니아주를 비롯하여 뉴질랜드와 북유럽의 노르웨이 및 핀란드 등의 국가는 국제사회의 흐름에 맞춰 교육과정 내에서 지속가능발전교육의 관점을 반영하고 있습니다.

아이들이 가진 환경에 대한 관심이 지구 오염과 관련된 국제적인 이슈로 발현될 수 있고, 이를 해결할 수 있는 현대인의 실천 과제로 지속가능에너지가 대두했다는 사실은 교사에게 있어서 꽤 선진적인 교육 주제로 다가왔습니다. 이 책에서는 현대 사회에서 주목받고 있는 지속가능에너지라는 새로운 주제를 아이들이 스스로 탐구하고 이해하며 자신의 방식으로 표현해내는 과정을 서술하고 있습니다.

3. 프로젝트를 위한 새로운 교육적 시도

지속가능프로젝트를 위한 사회적 캠페인을 교육 활동으로 설계하면서 가장 절감한 것은 '명확하게 제시되는 교육 내용 및 방법이 아닌데 실행이 가능할까?'하는 교사로서의 불안감이었습니다. 지속가능에너지라는 교육적 주제를 구체적인 교육 프로그램으로 제시하고 있는 자료가 턱없이 부족했으며, 융합예술활동과 관련된 새로운 교육 방식 역시 아이들과 교사 모두에게 생소한 교육적 실제였습니다. '지속가능에너지'라는 난해한 탐구 주제 또한, 어린아이들의 발달 수준에 적합하지 않은 과학적 원리를 포괄하는 것은 아닐까 하는 걱정이 앞서기도 했습니다.

그러나 이런 교사의 걱정과 달리 아이들은 탐구와 표현을 위한 주제 도출과 전개에 있어 매우 적극적이고 믿음직스러웠습니다. 어쩌면 우리는 아이들에게 지나치게 친절한 교수방식을 고집하는 경향이 있는 것 같습니다. 발달에 적합한 실제나 국가 수준의 교육과정이라는 틀 안에서 '이것만큼은 알아야 한다.'라는 슬로건이 교사를 지배하는 것입니다. 이런 상황에서 교사는 아이들이 배우고 싶어 하는 것보다는 배워야 하는 것에 집중하여 아이들이 이해할 수 있는 수준에서 유의미한 주제만을 교육 내용으로 선정하는 경향이 있습니다.

교사가 모든 것을 가르쳐주어야 무언가 참다운 '교육'을 하는 듯한 느낌을 받을 때가 많아 설계단계부터 '명확한 정답'을 추구했던 자신에게 묻게 되었습니다. "과연 교육에 '정답'이 있는 것인가?" 교육 현장에서는 계획이 부재한 발현적 교육과정의 실현 여부에 대해 의문을 품는 의견들도 많고, 그 과정에서의 부작용을 염려하는 소리도 적지 않습니다. 그러나 우리는 교육의 본질을 잊어서는 안 될 것입니다. 교육의 주인공, 다시 말해서 교육의 ownership은 아이들이 갖고 있어야 한다는 사실입니다.

일련의 다양한 교육적 시도와 변형, 적용들이 아이들에게는 색다른 교육적 재미와 몰입을, 그리고 더 나아가서는 창조적 산물을 산출해낼 계기가 될 수 있습니다. 우리는 교육활동을 계획할 때에 특정한 교과개념을 전수해야 하고 지식을 형성해주어야 한다는 것에 얽매여 활동의 진정한 목표와 의미가 무엇인지를 망각할 때가 많은 것 같습니다. 저자 또한 무엇인가를 '가르쳐 주어야 한다'라는 강박관념에 사로잡혀 생소하고 새로운 교육은 외면할 때가 많습니다. 그렇지만 아이들에게 있어서 보다 다양한 경험에의 노출은 효율적인 학습이라는 정당화된 방어선에 의해 제지되어서는 안 될 가치임을 잊어서는 안 될 것입니다.

4. 아이들의 사회적 참여

아이들은 시민사회를 구성하는 민주 시민으로서 배운 것을 이해하고 사회에 적용하는 데에 성인보다도 적극적인 책임 의식을 갖습니다. 보다 사회적이고 역동적인, 그래서 더욱더 유의미한 교육은 '더불어 살아가는 것'과 관련된 아이들의 가치, 태도, 기술의 함양에 이바지할 것입니다. 이와 같은 맥락에서 주제 의식과 관련된 아이들의 사회 참여는 필수 불가결한 교육 성과가 아닐 수 없습니다.

'우리는 개천을 흐리는 미꾸라지가 필요하다.'

얼마 전 미디어에서 우연히 접한 문구입니다. 정확히 누가 어떤 맥락에서 이야기한 것인지는 모르겠지만, 어느 칼럼에서 제시한 것을 방송 매체에서 인용한 듯합니다. 미꾸라지 한 마리가 개천을 흐린다는 표현은 종종 우리 사회에서 질서를 위협하는 돌연변이들을 일

컫는 의미로 사용되어 왔습니다. 단순히 상식과 교양을 갖추지 못한 일부 문제가 있는 인물들을 지칭하는 것을 넘어서, 다른 것을 틀린 것으로 규명하는 이분법적인 관점에서 사회적 관습에 순응하지 않는 사람들을 통칭하는 표현으로 상용되기도 했습니다. 그리고 이런 편협한 시각은 우리 사회에서 옳고 그른 것의 판단이 부재하게 했고, 시민들에게 사회적 관습에의 무비판적인 순응을 강요하였습니다. 생물학적으로 '미꾸라지'는 물을 한바탕 흐리게 만들지만, 곧이어서 물의 정화와 순환을 가능케 한다고 합니다. 우리 사회도 마찬가지로, 한바탕 변화와 변동을 겪고 난 뒤 새로운 현실을 직시하게 됩니다. 때로는 침묵이 카오스인 셈입니다.

우리 사회는 개천을 흐리게 만들고, 다시 정화시킬 미꾸라지형 시민이 절실하게 필요합니다. 미꾸라지형 시민은 보다 적극적인 양상의 '변형적 시민'을 의미할 것입니다. '교육'은 우리 삶의 질과 직결되는 input으로 연결됩니다. 이 책에서는 이러한 관점에서 아이들에게 지속가능에너지와 관련된 사회적 참여를 유도합니다. 미국의 전통적 교육학자 존 듀이John Dewey는 "유치원에서 유아는 민주사회의 일원으로서의 준비를 할 뿐 아니라, 이미 실제로 민주사회의 시민이다."라고 주장했습니다. 시민들의 '참여'는 시민사회를 이루는 모든 구성원의 권리와 의무가 뒷받침되어야 하므로 아이들만의 힘으로 사회적 실천을 도모하는 것은 어렵습니다. 그리고 저자는 어른으로서, 그 이전에는 한 명의 '시민'으로서 보다 적극적인 사회적 참여를 시도할 줄 아는 사람이 되어야 한다는 생각에 지속가능에너지 캠페인을 계획하게 되었습니다. 결국에는 미꾸라지형 교사가 미꾸라지형 아이들을 만들어낼 것이 자명하기 때문입니다.

끝으로, 이러한 맥락에서 아이들이 시민사회로 나아갈 수 있는 첫걸음을 뗄 수 있도록 프로젝트를 도와주신 공학 분야 전문가 남준희 님, 상상모아 창의융합교육연구소 소속 디자이너 김해란 님, 지구사랑 어린이 시민 모임의 학부모분들 및 인천어린이과학관 관계자분들에게 감사 인사를 드립니다.

김태경

2013년 12월 2일 출생 /
프로젝트 시작 당시 6세
(만 4세)
파주국제유치원 소속
지구사랑 어린이 시민 모임
탐구 대장

"나중에 커서 어른이 되면
태양열 자동차를
운전할 거예요!"

박지환

2013년 9월 13일 출생 /
프로젝트 시작 당시 6세
(만 4세)
유정유치원 소속
지구사랑 어린이 시민 모임
독서 대장

"지속가능에너지는 우리 모두가
함께 알려야 해요.
아이들도 어른들도 모두!"

안지율

2013년 4월 23일 출생 /
프로젝트 시작 당시 6세
(만 4세)
뽀뽀뽀유치원 소속
지구사랑 어린이 시민 모임
표현 대장

"내가 원하는 건 저 멀리
우주에서 바라봐도 깨끗한
지구에요."

최윤

2013년 8월 11일 출생 /
프로젝트 시작 당시 6세
(만 4세)
파주국제유치원 소속
지구사랑 어린이 시민 모임
행동 대장

"지구를 지켜라!
지구를 살려라!"

최훈

2010년 11월 30일 출생 /
프로젝트 시작 당시 9세
(만 7세)
자유초등학교 소속
지구사랑 어린이 시민 모임
전문 정보 수집가

"지속가능에너지는 자연에서 얻을
수 있는 친환경에너지에요. 계속해서
끊임없이 다시 만들 수 있어요."

허소율

2011년 1월 3일 출생 /
프로젝트 시작 당시 9세
(만 7세)
자유초등학교 소속
지구사랑 어린이 시민 모임
전문 융합예술가

"사람들뿐만 아니라 소중한
동물들을 위해서라도 우리가
지구를 지켜야 해요."

◈ 싱가포르에서 함께해준 친구들 ◈

김예성

2013년 5월 31일 출생 / 프로
젝트 시작 당시 6세(만 5세)
싱가포르 한국국제유치원
소속
지구사랑 어린이 시민 모임
홍보 대장

"더러운 지구와 깨끗한 지구는
색깔부터 달라요!"

김예원

2011년 3월 28일 출생 / 프
로젝트 시작 당시 8세(만 6세)
싱가포르 한국국제학교 소속
지구사랑 어린이 시민 모임
전문 해외 전략가

"지속가능에너지가 필요한 이유는 에너지
자원이 고갈되고 있기 때문에 영원히 재생할
수 있는 자원이 필요하기 때문이에요."

머리말 / 4

이 책을 읽기 전에 / 6

프로젝트에 참여한 친구들 / 11

Part 1. 변화가 필요해

01. 다시 쓸 수 있어요 / 18

02. 새롭게 만들어요 / 24

03. 매연을 만들지 않는 자동차가 있을까요? / 31

Part 2. 변화를 만들기 위한 작은 씨앗

01. 태양은 열을 갖고 있어요 / 40

02. 물은 물체를 움직이게 만들어요 / 46

03. 바람은 주변에 크고 작은 변화를 일으켜요 / 51

Part 3. **씨앗이 품고 있는 어둠 속 밝은 희망**

01. 태양광에너지로 상상 속 세상을 그려요 / 62

02. 수력에너지로 힘찬 움직임을 만들어요 / 71

03. 풍력에너지로 하늘 속 풍경을 물들여요 / 78

04. 지속가능에너지로 나만의 지구를 표현해요 / 83

Part 4. **씨앗이 티운 작은 새싹**

01. 친구에게 지속가능에너지를 설명해요 / 98

02. 이웃에게 지속가능에너지를 소개해요 / 103

03. 지역사회에서 지속가능에너지를 외쳐요 / 107

Part 5. **지구촌 다른 나라에서 함께 한 친구들**

01. 싱가포르의 랜드마크, 슈퍼트리에서 지속가능에너지를 만났어요 / 126

02. 싱가포르 국제학교에서 지속가능에너지를 알려요 / 135

03. 동물원에서 지속가능에너지 피켓 운동을 해요 / 141

04. 지구촌 아이들이 힘을 합쳐 지구사랑 포스터를 만들어요 / 147

Part 1

변화가
필요해

지속가능에너지 프로젝트를 시작한 계기

적지 않은 시간 동안 교육 현장에서 아이들을 만나면서 가장 절실하게 느껴온 사실 중 하나는 때로는 어린이가 성인보다 더욱 광범위한 시각을 지녔다는 것이다. 아이들의 시야는 우리가 예상한 것보다도 훨씬 더 넓고, 또 정교하다. 아이들은 집안의 분위기나 교실의 전경과 같이 일상에서 생활하는 곳들에 대한 인식을 넘어서서 이웃과 지역사회, 자연환경과 같이 보다 거시적인 관점에서의 공간 체계를 파악하는 데에도 꽤 능숙하다. 물론, 이러한 공간 체계에는 물리적인 장소에 대한 이해를 넘어서서 계절의 변화와 같은 시간적 개념이 포함되기 마련이다. '변화'는 시간의 연속성과 흐름의 중심에 있기 때문에 대상에 관한 관심이 전제되어야 빠르게 눈치챌 수 있다. 그런데 우리의 아이들은 주변의 변화에 그 누구보다 민감하다. 예컨대, 함께 길을 걷다 보면 아이들이 먼저 이런 질문들을 할 때가 있다.

"여기에 원래 이런 무늬의 돌이 있었나요?"

"교실에서 키우던 도마뱀의 피부가 조금 축축해진 것 같지 않아요?"

"꽃봉오리에 꽃잎이 펼쳐지려 해요. 이제 봄이 왔나 봐요."

"예전에는 공원의 호수가 이렇게 더럽지 않았던 것 같은데…"

　시간이 흐를수록 주변 세계에 대한 아이들의 인지적 관심과 호기심은 이내 곧 정서적 애착으로 자리 잡곤 한다. 아이들은 우리가 살아가고 있는 세상에 대해 꽤 크고 깊은 사랑을 표현한다.

　그리고 그들이 가진 긍정적인 감정은 비단 사람에게만 국한되지 않고, 동식물을 비롯한 생물과 산과 바다를 포함하는 지구로까지 표출된다. 아이들은 자신들이 사는 행성인 '지구'를 탐구하려 하고, 이를 바탕으로 생물들 간의 유기적인 관계성에 집중한다.

　현재 시민사회에서 활발한 움직임을 보이는 16살의 기후변화 활동가 '그레타 툰베리Greta Thunberg'는 어린 나이임에도 불구하고 세계적으로 유명한 환경운동가다. 그레타 툰베리는 태양광 요트를 타고 대서양을 항해하여 유엔기후변화 정상회의에 참석하고, 매주 금요일마다 스웨덴 국회의사당에서 기후변화 해결 촉구 시위를 벌이는 등 지구촌 사회에 큰 울림을 줄 만한 의미 있는 발자취들을 선보이고 있다. 이처럼 생각보다 많은 아이들이 '지구'라는 물리적 공간의 특수성과 시간적 차원의 변화에 주목하며 이를 이해하기를 바란다. 그런데도 성인들은 아이들에게 지구 환경의 심각성을 깨닫고 이를 해결하기 위한 탐구의 기회를 적극적으로 마련해주지 않고 있다.

어린아이들도 인간이 자연으로부터 얻는 각종 자원의 소중함을 느낄 줄 알고, 이와는 대조적으로 인간이 자연에 자행하는 크고 작은 파괴에 안타까워할 줄 안다. 그리고 그 안에서 고통받는 다양한 생물체들의 사연에 귀 기울이고 가슴 아파한다. 각종 미디어 매체와 책, 그리고 기관에서 실시하는 교육과정 안에 내포된 환경오염에 대한 시사는 지구에 대한 관심과 애착을 갖게 하는 기폭제가 된다. 아이들은 나이가 많아질수록 단순히 공감하고, 감정적으로 동요함에 그치지 않고 실질적인 해결책을 고안하고 이를 실천하기 위해 노력하는 양상을 보인다. 이는 쓰레기를 쓰레기통에 버리고, 꽃을 꺾지 않는 것과 같이 일상에서 쉽게 실행할 수 있는 것들을 말한다. 그래서 교사는 아이들에게 보다 체계적이고 적극적인 양상을 지닌 환경 운동의 기회를 제공하기 위해서 지속가능에너지 홍보 프로젝트를 계획하게 되었다.

물론, 아이들 스스로가 환경 운동에 자발적인 흥미와 관심을 두는 것이 선행되어야 한다고 판단했다. 이를 위해 교사는 지구 오염 실태를 조사하고, 환경오염을 줄일 수 있는 색다른 실천 방식을 고안해내도록 자원의 재활용에 대해 재고하는 계기를 마련해주었다.

01 다시 쓸 수 있어요

프로젝트의 시작 [문제의식의 고취]: 자원의 재생 가능성 탐색하기

교사 지구가 계속 오염되고 있는 이유는 무엇일까?

지환 사람들이 생활하면서 계속해서 쓰레기를 만들기 때문이에요. 환경이 오염되는 건 자동차 매연이나 그런 더러운 것들 때문이에요.

지구 환경이 오염되고 있는 주된 원인은 지구의 자원이 환경에 유해한 방식으로 사용되고 있기 때문이다. 더불어서, 지구의 자원은 유한하고, 지속 가능하지 않다. 교사는 '지속가능에너지'라는 주제를 소개하기에 앞서 아이들에게 지구가 계속 오염되고 있는 까닭을 물어보았다. 우연하게도 아이들이 말한 이상적인 환경 보존의 방식은 이번 프로젝트의 주제인 자원의 지속가능성과 동일한 방향성을 지향하고 있었다.

사회적 문제를 다루고자 하는 활동에서 가장 중요한 것은 대상에게 어떠한 문제의식을 고취시키는 것에 그치지 않고, 이와 관련된 해결 방안을 모색할 기회나 바람직한 방향성을 제시하도록 하는 것이다. 아이들은 환경이 오염되고 있는 원인으로 인간이 실생활에서 사용하는 것들이 계속해서 소모적이면서 지구에 유해한 방식으로 활용되고 있다는 사실을 지적했다. 이 때문에 아이들이 제안한 문제 해결의 방향성은 '환경을 오염시키는 더러운 것들'(예컨대 아이들이 언급한 것은 매연과 쓰레기가 이에 해당한다)을 줄이고 불가피하게 파생된 것들은 다시 재활용하는 것이었다.

우리의 일상에서 매일같이 새롭게 생겨나는 많은 양의 쓰레기는 그 어떤 일말의 재고의 노력도 없이 쉽게 버려진다. 그러나 조금만 고민해보면 그리 어렵지 않게 다시 쓰일 수 있는 물건들이 많다. 교사는 주변에서 손쉽게 구할 수 있고, 또 손쉽게 버릴 수 있는 물건 중 하나인 종이를 재생산함으로써 아이들이 '쓰레기'와 '지속가능성'의 상반되는 개념을 함께 연관 지어 생각해보기를 원했다. 그래서 우리는 지속가능에너지에 대한 탐구를 진행하기에 앞서 볕 좋은 어느 날 한데 모여 폐종이와 이면지를 모아 재생종이를 제작해보았다. 날짜가 지난 신문과 인쇄용지, 다 쓴 연습장 등의 종이들은 주변에서 쉽게 구할 수 있었다.

버려진 종이를 모아 분쇄기와 손으로 조각 내고 있는 모습

재생종이를 만들기 위해서는 우선 종이를 잘게 찢어야 한다. 이 과정에서 교사는 아이들에게 수동 분쇄기를 제공했는데 아이들은 분쇄기 안에 있는 톱니 모양의 칼날을 관찰하기도 하고, 측면에 달린 손잡이를 돌려보면서 물체의 작동 원리에 큰 관심을 보였다. 이후 아이들은 분쇄기 아래로 내려오는 잘게 찢어진 종이를 살펴보면서 이 자체가 흥미로운 놀이인 마냥 즐거워했다. 실험 정신이 투철한 아이들은 손으로 종이를 찢을 때와 도구를 이용

할 때의 차이를 알아보기 위해 소요되는 시간과 찢어진 종이의 형태를 비교하기도 했다. 또한, 칼날이 여러 개 맞물려 돌아가는 형상을 보고 톱니바퀴의 원리를 결합해 이해하는 아이들도 있었다.

조각 낸 종이에 종이 죽과 물을 섞는 모습

잘게 잘린 종이를 반죽으로 만드는 모습

종이를 조각낸 뒤에는 종이 죽의 형태로 만들어야 한다. 그러기 위해서는 조각낸 종이를 한데 모아 반죽처럼 만들어야 하는데, 찢긴 종이를 모아 놓으니 제법 양이 풍성했다. 높게 쌓인 종이 더미를 손쉽게 반죽하기 위해서는 미리 물에 불려 놓은 종잇조각과 시중에 파는 종이 죽 더미, 그리고 물을 함께 섞어주어야 했다.

물을 잔뜩 머금어 찰방해진 종이의 촉감은 색다른 감각적 자극을 제공했다. 아이들은 종이를 꽉 쥐어서 물을 짰다가, 다시 물에 담가 물을 흡수시켰다가를 되풀이하며 반복적인 촉각적 즐거움을 맛보았다. 종이 반죽은 그 자체로 친환경적인 자극제이면서도 형태가 변해가는 모습을 통해 시각적, 촉각적 그리고 후각적인 자극을 고루 충족시키기에 충분한 놀잇감이었다.

재생종이는 반죽을 얇게 펴내고, 건조시키는 과정을 통해 새로운 종이로 재탄생 된다. 반죽을 더 얇게 펴 바르기 위해서는 종이를 더욱 잘게 갈아야 했는데, 이때는 도구의 힘을 빌리기로 했다. 교사는 일반 믹서기가 아닌 손 방망이 형태의 도구를 준비해서 아이들이 종이가 갈리는 모습을 시각적으로 손쉽게 관찰할 수 있도록 했다. 일상에서 쉽게 구할 수 있는 재료와 도구를 활용한다는 점에서 재생종이 만들기 활동은 그 자체가 꽤 접근성이 좋은 놀이이며 가정에서도 쉽게 도전해볼 수 있으리라 여겨졌다.

주방 도구를 통해
종이 반죽을 갈고 있는 모습

잘게 갈린 종이 반죽

잘게 갈려진 종이 반죽은 새롭게 만들고자 하는 형태로 다듬어야 한다. 교사는 종이 반죽의 수분이 아래로 빠질 수 있도록 액자 틀에 철망을 붙여 반죽 틀을 제작해 놓았다. 아이들은 종이 반죽을 떠서 전용 틀 위에 퍼 놓고, 끌개와 같은 도구를 활용해 얇게 퍼 바르는 작업을 순차적으로 반복했다. 반죽을 뜨는 일과 반죽을 퍼 바르는 일을 두 사람이 역할을 나눠 반복하면서 재생종이가 될 반죽을 반듯한 형태로 만들어냈다.

종이 틀에 반죽을 퍼 바르는 모습

소율 물기를 충분히 말려야 할 것 같은데요. 그래야 종이처럼 쓸 수 있을 것 같아요.

물기를 최대한 뺀 종이 반죽을 틀에서 꺼내면 제법 그럴싸한 직사각형 형태의 종이의 모습이 된다. 아이들은 이 자체만으로도 "진짜 종이가 되었다!"며 즐거워했다.

마지막으로, 종이 반죽을 건조하기 전에 다리미로 열을 가하고, 남은 수분을 제거해주는 작업을 진행했다. 물기를 머금은 종이에 다리미의 열기가 닿자, "치익" 하는 증기가 뿜어져 나왔는데 아이들에게는 이런 화학 현상마저도 신기한 구경거리였다. 종이를 다림질하는 이유는 수분을 제거하기 위함도 있지만, 보다 더 평평한 상태로 건조하기 위함도 있다. 반죽 위에 거즈를 덮은 뒤 다림질을 하다 보면 어느새 애초에 만들었던 형태보다 더 납작하게 굳혀진 종이의 모습을 볼 수 있다. 이렇게 완성한 종이 반죽을 햇빛 아래에서 3일 정도 바짝 말리면 드디어 아이들의 땀과 정성이 고루 베인 재생종이가 완성된다. 이렇게 만든 재생종이는 이후에 진행한 미술 놀이와 작품 활동 과정에서 꽤 유용하게 쓰였다.

틀에서 종이 반죽을 꺼내는 아이들의 모습

형태를 갖춘 종이 반죽

스팀 다리미로 수분을 빼는 과정

완성된 재생종이

지율 다 쓴 종이를 다시 쓸 수 있게 만들면 종이를 무한대로 계속 계속 쓸 수 있는 거잖아요. 물건을 계속 쓸 수 있게 하면 쓰레기가 줄어서 좋을 것 같아요.

교사 에너지도 계속해서 쓸 수 있으면 좋을 텐데… 자동차에 넣는 기름은 다 쓰면 다시 새로운 기름을 넣어야 해. 자동차 기름은 땅속에 있는 석유로 만들지. 자동차가 많아지면서 사람들이 석유를 점점 다 쓰고 있대. 석유를 다 써버리면 이제 자동차는 어떻게 달리지?

훈 어차피 석유는 매연을 만들잖아요. 없어지면 지구는 깨끗해지겠죠. 전기 자동차나 수소 자동차도 있다고 하던데… 석유는 재생종이처럼 재생해서 쓸 수도 없고, 한 번 고갈되면 끝이에요. 이미 매장되어 있는 석유는 우리가 거의 다 쓰고 있어요.

교사 그렇다면 가장 좋은 에너지는 환경을 오염시키지 않는 깨끗한 에너지이면서! 한 가지 더, 끝임없이 계속계속 쓸 수 있는 에너지여야겠구나.

재생종이를 만들어 본 뒤에 아이들은 자원의 재생 가능성에 대해 논의해보았다. 재생종이는 버려진 종이를 지속해서 다시 쓸 수 있게 만들었다는 점에서 그 자체로 자원의 재생 가능성 즉, 지속가능성을 시사한다. 이는 훗날 아이들이 지속가능에너지라는 새로운 대체 에너지를 탐구하는 데 있어서 자원의 이상적인 방향성을 고민해볼 수 있도록 하는 사전 경험이 되었다. 재생종이 제작 과정이 아이들에게 지속가능에너지라는 탐구 주제에 대한 호기심으로 전이될 수 있도록 교사는 자연스러우면서도 다소 의도적으로 바람직한 에너지원을 언급하면서 활동을 마무리했다.

새롭게 만들어요

프로젝트의 시작 [환경 의식의 발견]: 자원의 재활용 실천하기

교사 지난 시간에 우리는 다 쓴 종이를 이용해서 다시 쓸 수 있는 재생종이를 만들었어. 너희는 환경오염을 해결할 수 있는 방법으로 버려진 물건을 재활용하는 방법을 이야기했었지. 오늘은 선생님의 도움 없이 너희들이 스스로 환경오염을 해결하기 위해 폐품을 이용해서 멋진 작품을 만들어 볼 거야.

태경 쓰레기를 재활용하는 방법은 분리수거한 물건들을 주워와서 버리지 않고 만들기 하는 거야.

윤 분리수거는 종이, 플라스틱 또 유리… 음 그렇게 나뉘지? 여러 가지를 다 재활용해보자.

교사는 지속가능에너지 프로젝트를 시작할 때부터 아이들이 환경오염에 대한 문제를 인식하고 이와 관련된 제언으로 "자원과 에너지의 재생 가능성"을 떠올리길 원했다. 이 때문에 자원의 재생을 상징하는 재생종이를 만들어 보도록 했고, 재생종이를 만들어 본 뒤에는 아이들이 직접 자원의 재사용을 실천할 수 있는 기회를 제공하기로 했다.

아이들이 생각한 자원의 재사용 방식은 재활용 즉, 리사이클 조형물을 제작하면서 다시 쓸 수 있는 것이 무엇인가를 고민해보는 것이었다. 환경오염의 주된 해결 방안으로 지속가능에너지를 떠올리기 위해서는 재생이나 재활용과 같은 순환 과정을 이해하는 것이 선행되어야 했기에 이러한 과정들이 프로젝트를 시작하기에 앞서 진행될 필요가 있었다. 사실 '지속가능에너지'가 무엇인지에 대해 질문했을 때, 정확히 어떤 정의를 내릴지 확답할 수 있는 이들은 성인 중에서도 많지 않을 것이란 생각이 들었기에 교사는 아이들이 자원의 재활용을 통해 지속가능에너지의 원리를 보다 용이하게 이해했으면 하고 바랐다. 이전에 이뤄진 재생종이 제작 활동은 어떤 물건의 유한한 사용기한을 연장시키거나, 나아가서는 무한하게 만드는 일련의 노력이 환경 문제 해결에 도움이 된다는 문제의식을 발현시켰다. 그리고 아이들의 의지에 의해 이뤄지는 리사이클 조형물 제작 활동은 이러한 문제의식을 보다 확실하게 고취하기에 충분했다.

교사 우리 주변에서 버려진 폐품들을 모아 재활용한 적이 있니?

훈 병뚜껑을 모아서 지압판을 만든 걸 TV에서 본 적이 있어요. 마사지하는 거.

지율 원통 모양 플라스틱을 쓰레기통처럼 사용해요. 상자를 꾸며서 물건을 넣어도 좋아요.

교사 우리는 오늘 폐품으로 미술 작품을 만들어 볼 건데, 어떤 작품을 만들고 싶어? 선생님 생각에는 자연의 소중함을 느낄 수 있도록 식물을 심을 수 있는 커다란 화분 모양의 작품을 만들면 어떨까 싶은데….

훈 그렇지만 좀 더 특별한 걸 만들고 싶은데… 더 멋있는 걸로요. 그냥 화분은 너무 단순하지 않나….

지환 네모난 상자가 많으니까 커다란 로봇을 만들까요? 로봇은 몸통도 머리도 다리도 네모니까!

훈 아! 그렇다면 로봇 모양 화분은 어때요? 식물을 키우는 로봇!

어떤 재료를 활용할지 고르는 모습

교사는 먼저 다양한 폐품들을 모아 놓은 뒤, 아이들과 함께 재활용에 대해 이야기 나누기 시작했다. 우리는 폐품이 다시 쓰일 수 있는 방안을 생각해본 뒤에 어떤 조형물이 자원 재생의 메시지를 잘 전달할 수 있을지 고민해보았다. 교사는 폐품을 이용해 화분을 만들면, 재활용의 가치를 표현함과 동시에 친환경적인 이미지를 표상할 수 있으리라 생각했다. 그러나 아이들은 폐품으로 자신들이 만들어내고 싶은 대상을 구현해내는 것에 더 큰 흥미를 보였고, 이 과정에서 거대한 폐품 로봇을 제작하고 싶어 했다. 그래서 우리는 서로의 의견을 결합해 식물이 곳곳에서 자라고 있는 폐품 로봇을 조형물로 만들기로 했다.

종이 상자와 플라스틱, 캔과 고철 등의 폐품을 비롯하여 생활에서 모인 다양한 폐전자제품, 그리고 각종 콜라주 재료들은 아이들이 상상의 나래를 펼쳐 로봇의 모습을 계획하기에 좋은 자극제가 되었다. 교사가 준비한 콜라주 재료에는 버려진 서랍장의 문고리나 옷핀, 클립과 단추, 개수대의 뚜껑, 쓰지 않는 전자제품과 전선, 고장 난 장난감 자동차의 바퀴 등 일상에서 구할 수 있는 쓰레기들이 포함되었다. 아이들은 이러한 쓰레기들이 로봇의 부품이나 생김새 등을 묘사하기에 적합한 재료라고 말했다. 예컨대, 서랍장의 문고리는 로봇의 코가 되었고, 하수구 뚜껑은 로봇의 눈이 되었다. 아이들은 서로 함께 논의하고 결정했는데, 아이들의 견해에

로봇의 가슴 장식과 부품을 표현하는 모습

따르면 '로봇의 얼굴은 하나이고, 그걸 만드는 우리는 여럿'이기 때문이었다.

곧이어 아이들은 로봇을 구성하는 부분을 각자 맡아 만들기 시작했다. 여러 명의 친구가 함께 협업해야 할 작품이었기 때문에 각각 로봇의 머리, 팔, 다리 등의 역할을 나누었다. 아이들은 자신이 맡은 역할에 따라 사용할 폐품의 크기와 형태를 고려했고, 이에 맞춰 다양한 장식 부품도 선택했다. 어린 유아들은 로봇의 머리나 팔, 가슴과 같이 구조의 물리적 특성이나 기능적인 역할을 고려할 필요가 적은 부분들을 맡았다. 즉, 해당 부분의 생김새를 표현하는 작업이었다. 예컨대, 만 4세 친구들인 윤이는 하트 모양의 폐품을 골라 로봇의 심장을 만들었고, 지환이는 다양한 폐전자 물품을 골라 로봇의 부품을 표현했다. 지율이는 집게 형태의 고리를 골라 페트병에 연결한 뒤 로봇의 팔을 만들어냈다. 어린아이들은 자신이 만들고자 하는 대상의 외적인 모양을 표현하는 데에 중점을 두고 조형 활동을 진행했기에 대상과 비슷한 생김새를 지닌 폐품을 골라내는 데에 더 많은 시간을 할애했다.

반면, 초등학생들은 대상의 구조적 특성을 현실화시키기에 충분하도록 하는 판단력과 사고력이 필요했는데, 예를 들어 훈이는 거대한 폐품 로봇이 무게중심을 잘 잡고 서 있을 수 있도록 설계된 발을 만들어야 했다. 이 때문에 쉽게 일그러지지 않고 단단한 강화 플라스틱 우유병 밑에 계란판을 부착해 로봇이 서 있는 바닥 면적을 확장하고자 했다. 하지만 아이들이 만든 장식이 화려해질수록, 로봇의 무게 또한 무거워졌기에 이 또한 불안했고, 이에 훈이는 폐가전제품 중 청소기를 가져와 지지대 역할을

로봇이 서 있을 수 있도록 설계하는 모습

만들어주었다. 소율이 역시, 아이들이 만든 로봇의 팔이 안정적으로 고정되지 않고 분리되는 것을 방지하고자 어깨 역할을 하는 페트병을 추가하여 팔 장식이 몸통에 부착된 면의 개수를 3면으로 늘려내도록 하는 방식을 고안해냈다. 연령이 높아질수록 대상의 생김새만을 표현하는 데에 국한되지 않고, 기능적인 측면을 함께 고려하는 양상을 보인 것이다.

로봇의 형태를 구성해본 뒤에, 우리는 로봇의 상징성(고철의 색깔)을 더욱 뚜렷하게 나타

철제 로봇의 모습을 표현하기 위해
스프레이로 채색하고 있는 모습

넬 수 있도록 조형물에 금빛과 은빛이 도는 스프레이를 활용하여 채색작업을 진행했다. 이때는 스프레이의 특성상 안전에 유의하도록 교사와 함께 분사 방향과 세기를 조절하여 작업하였다.

폐품 로봇의 몸통을 완성한 아이들은 각자 식물 화분으로 재활용하기에 적합하고 또 로봇의 몸체와 이질감 없이 어울리기에도 알맞을 것 같은 폐품을 선택했다. 대부분의 아이는 식물의 뿌리가 안정적으로 안착하도록 흙을 담아낼 수 있을 만한 움푹 패인 모양의 폐품을 찾기 위해 노력했다. 아이들은 자신이 만든 화분에 심을 식물을 스스로 골랐는데, 이 과정에서 각자 식물에게 이름을 지어주기도 했다.

폐품 화분에 심을 식물을 고르는 모습

아이들은 각자 자신의 식물에 애착이 있었으므로, 단순히 보기에 예쁜 화분을 만드는 것으로 국한되지 않고, 식물을 잘 길러내기 위한 화분의 기능적 요소들을 고려했다. 예를 들어 여러 갈래로 나뉜 형태의 폐품을 골라 식물이 균일하게 한 방향으로 자라지 않아 화분이 기울어질 것을 대비하기도 했다. 교사는 폐품 화분에 옮겨심기에 적합한 식물로 다육 식물과 같이 물을 자주 줄 필요가 없는 종들을 선택했다. 아이들이 만든 폐품 화분은 단단한 플라스틱 재질이 대부분이었기에 배수 구멍을 정교하게 뚫는 과정을 생략했기 때문이다.

윤 　로봇에게도 살아있는 심장이 있다면 폐품 로봇은 분홍색, 보라색, 노란색, 빨간색같이 예쁜 색깔로만 물들어 있을 거야. 내가 생각해보니까 이것들은 행복한 감정을 나타내는 색깔들이거든. 왜냐하면 폐품 로봇은 버려지는 쓰레기에서 다시 태어난 거니까 너무 행복할 것 같아서…!

완성된 화분에 식물을 옮기는 모습　행복한 감정으로 로봇의 심장을 표현하는 모습

　폐품 로봇을 만들었던 활동은 재생종이 제작 과정과 달리 오롯이 아이들의 의지와 견해에 따라 이뤄졌다는 점에서 매우 유아 주도적인 과정이었다. 아이들은 폐품 로봇에 이름을 붙이기까지 하면서 많은 애착을 보였다. 아이들이 직접 지은 이름은 '다시 살아난 아이'였다. 몇몇 아이들은 그 이름이 너무 길고, 문장 형식이기 때문에 이름 같지 않다고 불만을 가졌지만, 인디언식 이름은 그럴 수 있다는 의견(인디언 이름과 관련된 그림책을 읽었던 친구의 생각이었다.)과 폐품 로봇의 의미를 가장 잘 담아낸 이름이라는 의견으로 인해 그렇게 결정되었다.

　아이들이 만든 폐품 로봇은 예술적으로도 의미가 있었지만, 많은 사회적 시사점을 내포하고 있었기에 더욱 큰 의의가 있었다. 먼저, 리사이클 제품으로 구성된 작품이라는 점에서 자원의 재사용과 지속가능성을 상징하고 있었다. 더불어서, 식물의 성장을 함께 감상할 수 있다는 점에서 자연 친화적인 요소와 환경에 대한 애착을 내포하고 있었다. 마지막으로, 여러 아이가 함께 공동으로 이뤄낸 작업이라는 점에서 환경 보호와 관련된 시민사

아이들이 자원을 재활용해 만든 로봇 화분의 모습

회의 연대의식과 책임감을 요구하고 있었다.

  폐품 로봇 '다시 살아난 아이'는 몸체 곳곳에 식물이 심어져 화분으로의 역할을 수행함과 동시에, 아이들의 친숙한 친구로서 그리고 아이들이 활동하는 공간의 듬직한 문지기로서 마지막으로는 아이들이 이끌어가는 환경 운동의 상징물로서 자리매김했다. 자신이 좋아하는 색깔들만 골라 폐품 로봇의 심장을 채색한다며 밝게 웃던 아이의 미소 만큼이나 지구의 미래에 대한 희망이 가득 차 있는 순간이었다.

매연을 만들지 않는 자동차가 있을까요?

03 프로젝트의 시작 [주제에의 접근]: 화석에너지와 지속가능에너지 비교해보기

교사 자동차가 달릴 때 나오는 매연 본 적 있지? 그 매연이 하늘로 올라가면 어떤 일이 벌어질까?

훈 대기 오염이 되고, 산성비가 내리고, 땅도 바다도 다 오염될 거예요.

태경 버스에서 매연이 엄청 심하게 나오는 걸 본 적이 있어요. 그렇지만 사람들은 멀리 가려면 어쩔 수 없이 버스를 타야 하잖아요.

교사 매연 없이 달리는 자동차는 없을까?

본격적으로 지속가능에너지를 탐구하기 전에 교사는 아이들에게 화석에너지와 친환경에너지의 차이를 물었다. 아이들은 친환경에너지는 더러운 것을 만들지 않는 에너지라고 대답했다. 여기에서 교사는 매연을 뿜지 않는 태양광 자동차를 만들어봄으로써 지속가능에너지의 의의에 접근해볼 것을 생각하게 되었다.

화석에너지는 땅속에 파묻힌 동식물의 유해가 오랜 시간 동안 열과 압력 등의 힘을 받아 화학적, 물리적으로 변화하여 석탄이나 석유 등의 형태가 되고 이것을 연료로 하여 생성되는 에너지를 의미한다. 인간은 화석에너지를 이용하여 기계를 구동시킬 힘을 얻는다. 대표적인 예로 자동차는 석

유를 이용해 모터를 작동시킬 수 있는 에너지를 생산한다. 그러나 이 화석에너지는 환경오염의 주범이 된다. 교사는 아이들에게 자동차의 매연을 본 적이 있는지에 대해 질문했고, 아이들은 모두 그렇다고 대답했다. 매연은 맨눈으로 보기에도 검고 뿌옇다. 또한 좋지 않은 냄새가 나기에 어린아이들이 환경오염을 시키는 주범으로 인식하기에 가장 피부에 와닿을 수 있는 주제였다.

산성비가 내려오는 과정을 시각적으로 이해하는 모습

먼저 아이들은 교사와 함께 환경오염과 관련된 그림책을 읽어보았다. 이와 관련해서 어린아이들이 산성비의 심각성을 체감하기에 좋은 방법이 있다. 구름으로 형성된 수증기가 비가 되어 땅으로 내려오는 과정을 간단한 시각적 놀이를 통해 체험해보는 것이다. 교사는 아이들에게 작은 수조를 나눠준 뒤, 수조 안에 담겨있는 물의 수면에 쉐이빙 크림(면도용 크림)으로 구름을 만들었다. 크림은 물과의 밀도 차로 인해 하늘 위 구름처럼 둥둥 떠 있게 되는데, 이 과정에서 아이들은 산성비를 의미하는 검은색 물과 깨끗한 비를 의미하는 하늘색 물을 쉐이빙 크림 위에 스포이트로 뿌려주었다. 각각의 색깔 물은 쉐이빙 크림으로 형성된 구름을 통과하여 물속으로 내려앉았다. 아이들은 더러운 비와 깨끗한 비가 물 밑으로 내려오는 과정을 바라보면서 산성비가 자신들이 사는 땅과 대기로 내려앉을 가능성을 눈으로 확인하였다.

그리고 나서 아이들은 화석 연료의 문제점에 관해 이야기 나눴다. 먼저, 화석 연료는 그 추출 자체가 환경을 파괴하고 있다. 석탄과 같은 지하자원을 채굴하는 과정은 주변 생태계를 파괴하고 훼손시키는 것이 불가피하다. 또한 석탄과 석유, 화력 발전소 및 공장과 자동차의 내연 기관 등에서 배출되는 매연(배기가스에서 배출되는 이산화탄소)은 대기로 올라가 기후변화, 지구온난화, 산성비 등의 주범이 된다. 위에서 실험한 바와 같이 산성비를 비롯한 공장 폐수 등의 액체는 다시 땅과 바다로 흘러가 토양 오염과 수질 오염을 초래한다.

교사 얘들아. 우리가 살아가기 위해서 에너지를 써야 하고 전기를 만들어야 하는 건 어쩔 수 없는데… 어떻게 하면 환경을 오염시키지 않고 인간이 살아갈 수 있을까?

훈 인간이 조금 더 불편하게 살면 되지 않을까요? 그냥 전기를 조금 적게 쓰고… 사실 TV 안 봐도 되잖아요. 자동차도 멀리 갈 때만 타고 자전거나 걸어서 가고….

교사 그런 방법은 바람직하긴 하지만 그것만으론 충분하지 않아. 언제까지 그렇게 불편하게 살 수는 없으니까. 추위에 못 견디는 어린 아기들을 위해서, 병원에서 산소호흡기로 살아가는 사람들을 위해서… 등등 전기를 꼭 필요로 하는 사람들이 많아. 가장 좋은 방법은 우리가 살아가는 데 필요한 최소한의 것을 누리면서 지구 환경이 파괴되지 않을 수 있는 다른 에너지원을 찾는 거야. 너희는 자동차의 매연이 환경을 오염시키는 더러운 것이라고 했지? 매연은 석유를 에너지로 썼을 때 나오는 거야. 그럼 우리 다른 걸 에너지로 써서 매연이 나오지 않는 자동차를 만들어보자.

최근 국제 사회에서는 태양열, 풍력, 수력, 지열, 바이오 에너지 등의 지속가능한 신재생 에너지의 개발에 박차를 가하는 데에서 나아가, 아예 이를 각 국가에 대한 개발 의제로서 선정하고 있다. 지속가능에너지는 우리 삶에 필요한 에너지원을 공급하면서 지구 환경을 오염시키지 않는다는 점에서 매우 중요한 의의가 있다. 이를 아이들에게 직접 확인시켜주기 위해 교사는 태양열 자동차를 만드는 시간을 제공했다. 아이들이 자동차의 매연을 환경오염의 주범으로 꼽았기 때문이다.

아이들은 태양광 패널에 직접 전선으로 모터를 연결하여 달리는 자동차를 만들어보았다. 학령기 유아의 경우는 교사와 함께 직접 전선으로 태양광 전지와 모터를 연결하고 스위치까지 달아보면서 태양광 자동차의 원리를 이해해 보았다. 반면에, 더 어린 유아의 경우에는 교사가 미리 연결해 놓은 태양광 전지와 모터에 바퀴와 축을 연결해 본 뒤, 자동차를 시각적으로 꾸미는 조형 활동에 시간을 더 할애하였다. 각자 자신이 원하는 재료로 자

공학 부품을 이용하는 모습

동차의 형태와 크기를 다양하게 제작할 수 있었기 때문에 자동차는 저마다 다른 개성을 뽐낼 수 있었다. 교사는 아이들이 자동차를 만들 때, 미술적 표현 외에도 '기계'라는 대상의 속성을 고려하기를 원했다. 이를 위해 교사는 아이들에게 다양한 미술 재료 외에도 폐전선과 전기 회로 기판, 전기저항 다이오드, 각종 스위치 등의 공학 부품들도 제공했다. 이 과정에서 아이들은 다양한 공학 부품들의 쓰임새와 원리, 외적 특성 등을 탐구하면서 이를 조형 활동에 반영하였는데, 과학적 자료를 예술적 도구로 제시한 그 자체만으로도 색다른 융합예술활동이 될 수 있음을 확인할 수 있었다. 태양광 패널을 직접 조작해 본 아이들은 지속가능에너지가 실생활에서 폭넓게 사용될 수 있음을 직간접적으로 이해할 수 있었다. 각각의 '나만의 태양광 자동차'는 서로 다른 매력과 개성을 지니고 있었는데, 이는 아이들이 저마다의 의도를 갖고 예술활동에 임했기 때문이다.

교사 자, 이제 태양광 자동차를 작동시켜보자. 얘들아, 자동차가 달리면서 매연이 나오니?

윤 아니요. 아주 깨끗한 자동차예요! 그런데 이거 진짜 태양으로 가는 거 맞아요?

교사 그럼. 이 태양광 패널이 태양열을 흡수해서 전기를 만든다고 했지? 우리가 지금 건전지나 석유같이 에너지를 만들 수 있는 다른 무언가가 필요했니?

윤 아니요! 진짜 태양으로만 가요! 잠깐. 이 패널 안에 전기가 숨어있는 것 아니에요?

아이들은 태양광 자동차를 만들어보면서 전력을 생성하면서도 환경을 오염시키지 않는 방안이 있음을 알게 되었다. 다만 지속가능에너지의 원리를 탐구하기 전이었기에 태양열 에너지의 존재를 확인하기 전에 패널 안에 전력이 저장된 건 아닌지 의심하기도 했다.

윤 내 태양광 자동차는 아주 큰 눈이 달려있어. 눈이 엄청 여러 개야. 눈으로 봐야지 햇빛이 비치는 곳을 찾아가서 태양에너지를 더 많이 만들어.

눈으로 햇빛을 감지하는 자동차

지환 태양광 패널 때문에 자동차가 앞으로 기울어질까 봐 이렇게 자동차 뒷부분에 장식을 달아준 거예요. 그래야지 평행이 맞아서 바퀴가 잘 굴러갈 수 있어요. 그게 바로 무게중심이에요.

패널의 무게를 고려한 자동차

지율 나는 조개껍데기를 달아서 이렇게 경주 자동차 깃발처럼 만들래요. 여러 가지 버튼이 있어서 자동차 속도를 빠르게 했다가 느리게 했다가 할 수 있었으면 좋겠어요.

속도 조절 장치를 장착한 자동차

태경 바퀴가 고장 났을 때 갈아 끼울 수 있게 다른 바퀴들을 더 붙여줘야겠어요. 태양에너지로 빛이 나는 전구도 달아주고 싶어요.

비상용 바퀴와 전구를 부착한 자동차

소율 여러 가지 버튼이랑 반도체 같은 칩들로 장식했어요. 태양에너지 패널 속에 반도체가 들어있다고 했으니까요.

패널 속 반도체를 나타낸 자동차

훈   플러스 선이랑 마이너스 선이랑 패널 뒤에 하나씩 연결하는 게 조금 어렵긴 했는데 그래도 재미있었어요. 내 생각에 금속판이 패널 앞에 있으면 햇빛을 많이 흡수할 것 같아서 이렇게 붙였는데….

햇빛을 흡수하는 판을 장착한 자동차

"달린다 달려! 진짜 빛을 비추면 모터가 돌아가네? 내가 태양광 자동차를 만들었어!"

아이들이 만든 태양광 자동차는 별도의 충전도, 배터리도 필요하지 않았다. 그저 한낮의 밝은 태양빛만 있으면 씽씽 자유롭게 달릴 수 있었다. 지속 가능 발전의 진정한 의의를 이해하는 순간이었다. 이로써 아이들은 태양 빛이 물체의 움직임을 유도할 수 있는 에너지를 갖고 있다는 사실을 어렴풋이나마 실감하게 되었다.

Part 2

변화를 만들기 위한 작은 씨앗

지속가능에너지에 대한 이해

지구의 환경이 계속해서 오염될 수밖에 없는 필연적인 이유는 인간이 삶을 영위하기 위한 일련의 생존 방식이 지구를 파괴하는 형태의 방법을 지향하기 때문이다. 인류가 살아가면서 경제를 발전시키고 자원을 이용하여 전력을 공급하는 등의 생산적인 행위 일체는 결국은 환경 오염으로 귀결되는 악순환의 반복이다. 우리가 지금과 같은 수준의 삶을 지탱해 나가면서 지구를 보호할 방안은 자원의 생산을 멈추는 것이 아니라, 지속가능한 방식으로의 경제활동을 추구하는 길이다. 이런 의미에서 친환경 에너지로 일컬어지는 지속가능에너지Sustainable Energy는 사람과 자연, 둘 중 어느 것의 일방적인 희생을 감수하지 않아도 된다는 점에서 꽤 미래지향적이고 바람직한 방향성을 가진다.

환경학적 차원뿐 아니라 교육학적인 측면에서도 지속가능에너지는 학습할만한 가치가 충분하다. 지속가능에너지는 에너지원 그 자체를 자연으로부터 찾는다는 점에서 자연과학과 물리 및 공학 과학을 비롯한 다양한 과학교육 과정의 내용에 결합할 수 있는 요소다. 즉, 지속가능에너지는 국제사회에서 의무화하는 개발 의제이며, 이를 중시하는 것이 세계시민으로서의 소양이라는 윤리적 차원에서의 문제만이 아니라 아이들이 유의미하게 학습하는 교과 지식적 내용과도 결합할 수 있는 주제다. 실제로 저자는 유치원 교육과정에 대한 국제 비교연구를 통해 여러 나라의 국가 수준 유치원 과학교육 과정을 지속가능발전교육과 관련해서 비교 분석해본 경험이 있는데, 결과는 꽤 괄목할 만했다.

어린아이들이 배우는 과학교육 과정의 교육 내용 내에서 지속가능발전과 상통할 수 있는 생태적 원칙의 내용이 많았으며, 해당 주제를 갖고 '관심', '인식', '반영', '참여' 등의 다양한 범주의 사회적 활동까지도 전개할 수 있었다. 특히 우리에게 잘 알려진 교육 선진국 중 하나인 노르웨이에서는 지속가능발전Sustainable Development이라는 핵심 용어를 교육과정 내에 그대로 명시하고 있어, 국제사회의 흐름을 교육과정 내에 명확하게 포함하고자 하는 노력을 확인할 수 있었다. 노르웨이는 '지속 가능한 발전에 기여하도록 장려한다'를 과학교육의 목적 중 일부로 기술하고 과학교육 과정 내에서 천연자원의 보호, 생물의 다양성 등과 같이 지속가능발전교육과 환경교육의 주제를 함께 다룰 것을 권고하고 있었다.

그러나 우리나라의 경우 아이들은 물론이거니와 성인들조차도 일상에서 지속가능에너지라는 단어를 자주 접할 수 없을 뿐만 아니라, 환경 교육에서도 다양한 전개 양상을 보이는 경우가 적다. 이 때문에 교사는 지속가능에너지와 관련된 환경 교육이 일찍부터 이뤄질 필요성을 확인할 수 있었는데, 여기에는 지속가능에너지가 아이들이 가진 성향 및 특성에도 잘 결합하는 교육 주제라는 판단이 기저에 있었다. 예컨대, 유아 시기 및 초등 저학년까지의 아이들은 자신의 주변 세계에 대한 호기심이 무궁무진하며, 이는 자연 및 환경에 대한 관심과 일상에서 접하는 물체의 움직임과 원동력 등에 대한 탐구로 이어진다. 이러한 아이들의 특성을 보았을 때 지속가능에너지는 자연환경에 대한 탐색과 더불어서 자원이 에너지를 생산해내는 것과 관련된 과학적 탐구까지를 가능케 하는 주제였다.

결국 교사는 지속가능에너지를 주제로 한 환경 교육을 하기로 결정했고, 이를 위해서는 아이들에게 지속가능에너지의 개념을 이해시키는 것이 선행되어야 한다고 판단했다. 여기에는 단순히 지속가능에너지라는 어원의 뜻을 아이들에게 정의하고 설명하는 것뿐만 아니라 지속가능에너지의 원리를 과학적으로 이해해보는 것이 포함되었다. 그리고 이에 앞서 다소 어린아이들에게 물과 바람, 태양이 에너지원으로서의 특별한 힘을 지니고 있다는 것을 인지시키고자 했다.

태양은 열을 갖고 있어요

프로젝트의 도입 [주제 탐구]: 태양에너지의 원리 이해하기

교사 태양광은 말 그대로 태양의 빛이지. 태양빛은 주변을 따뜻하게 만들 수 있는 아주 강렬한 열을 갖고 있어. 태양이 갖고 있는 빛과 열은 사람이나 동물, 식물들에게 어떤 영향을 줄까?

지율 태양은 따뜻한 에너지를 갖고 있어서 동물이랑 사람들을 따뜻하게 만들어줘요.

지환 식물은 물, 햇빛, 흙이 있어야 하는데, 왜냐하면 태양이 생명에너지를 갖고 있기 때문이에요. 태양이 없으면 생물은 죽어요. 태양은 소중한 생명 에너지를 안에 갖고 있어서 뜨거울 수 밖에 없어요.

세월이 흐를수록 교육은 미래 지향적인 방향성을 지향해야 하며, 개인뿐 아니라 나아가서는 사회에게 이로운 지식을 전수해야 할 책임을 갖게 되었다. 이에 따라 21세기의 학습은 과학적 지식에 바탕을 두어야 한다는 인식이 교육계 흐름의 주가 되었다. 스웨덴의 연구자이자 교육과정 이론가인 우프P. 룬드그랜은 우리가 지식이라고 여겨온 것들이 무엇인지, 아이들이 배워야 할 가치가 있다고 간주되어온 것이 무엇인지, 혹은 다양한 집단의 요구를 충족시킬 수 있는 학습 주제는 무엇인지 등에 대한 투쟁으로 학교 교육의 역사를 정의하고 있다. 결국 아이들이 탐구해야 하는 교육적 주

제는 시대적인 요구에 따라 새롭게 반영되어야 할 필요가 있는 셈이다. '지속가능에너지'는 그런 맥락에서 선정된 학습 주제였고, 아이들은 태양에너지에 대한 탐구를 시작으로 프로젝트를 시작했다.

지속가능에너지 중에서도 태양에너지는 상대적으로 아이들이 가장 쉽게 이해하고 체감할 수 있는 과학적 탐구 주제다. 왜냐하면, 아이들은 이미 태양이 뜨거운 열을 갖고 있다는 것을 실생활에서 밀접하게 느껴왔기 때문이다. 그러나 아이들은 '태양광'이라는 어원과 '태양열' 간의 연관 관계를 도출하는 데 있어서는 상대적으로 난해하다는 반응을 보였기에, 교사는 먼저 태양이 사람에게 미치는 영향에 대해 질문했다. 이때 아이들은 일상에서 환경과의 상호작용을 토대로 형성시킨 지식을 나름대로 형성하고 있었는데, 이는 꽤 귀납적인 추리를 거친 사고였다. 유아들은 태양에너지를 열에너지와 동일시 여겼고, 열에너지가 생물이 생장하고 번식할 수 있는 근본적인 생명력을 내포하고 있는 셈이라고 추론하고 있었다.

교사 태양은 식물이 광합성을 하게 하는 생명 에너지뿐만 아니라 전기 에너지도 만들 수 있대.

소율 태양에너지가 어떻게 전기를 만드는지는 모르겠지만, 태양광 자동차는 본 적이 있어요.

훈 낮 동안 태양을 흡수해서 그걸로 자동차가 에너지를 만드는 거 아닐까요?

한편, 아홉 살배기 아이들의 경우, 환경에 대한 관심이 훨씬 거시적인 체계에서 이뤄지고 있었다. 초등학생들이 시도하는 환경과의 상호작용은 다양한 매체를 통한 직간접적인 교류로까지 확대되고 있었는데, 이 때문에 태양광 자동차를 예시로 연계한 것과 같이 태양광에너지에 대한 접근이 어느 정도 자리 잡고 있었다. 이쯤에서 우리는 태양열을 직접 피부로 느껴보기 위해 옥상으로 올라갔다. 아이들은 볕이 가장 잘 드는 곳을 찾아 태양광 조리기를 설치하기로 했다.

손바닥으로 태양열의 온기를 느끼는 모습

태경 선생님! 여기 이 바닥에 잠자리가 말라서 죽어 있어요. 불쌍해… 아마 여기가 옥상에서 가장 뜨겁고 더운 곳일 테니 우리 여기에 태양열 조리기를 설치하면 좋겠어요. 손바닥을 대보면 아직 따뜻해요!

아이들다운 귀여운 발상이었다. 아주 근거 없는 논리는 아니기에 긍정의 의미를 보이자, 아이들은 이내 들떠서 해맑은 웃음을 지어 보였다. 우리는 태양광 조리기를 설치한 뒤, 준비한 물컵을 비치하고 물을 담아두었다. 시간이 지난 뒤의 물의 변화를 비교해보기 위해 손바닥으로 순간의 태양열을 감지해보거나 데워지기 전 물의 온도를 재는 것도 잊지 않았다.

교사 태양광 조리기에 있던 물은 얼마나 뜨거워졌을 것 같아?

태경 지금은 겨울이라 추워서 태양광이 더 약할 것 같아요. 여름이면 분명히 성공할 텐데….

소율 그렇지만 만약에 물이 그래도 따뜻해졌다면 오히려 지금이 겨울이라 더 좋은 거야. 추우니까 코코아를 더 맛있게 먹을 수 있잖아.

데워진 물의 온도를 측정하는 모습

세 시간 남짓한 시간이 흐른 뒤, 아이들은 기대에 가득 찬 눈빛을 지닌 채 옥상으로 발걸음을 재촉했다. 이때 아이들은 저마다 손에 코코아 가루를 들고 있었다. 실험이 성공해서 태양열로 인해 물이 따뜻해졌다면 맛있는 코코아를 마실 참이었다. 태양광 조리기는 그리 길지 않은 시간 속에서도 꽤 많은 열을 모아 놓은 상태였다. 어린아이들은 안전을 위해 교사와 함께 태양광의 열을 감지해보고, 물의 온도를 측정해보았다. 처음 물의 온도는 15도 가량의 차가운 상태였지만 다시 방문했을 때의 물의 온도는 27도 정도의 따뜻한 상태였다. 아이들은 태양광 조리기에 손을 대보면서 열 감이 올라오는 것을 확연히 체감할 수 있었고, 끓기 전의 기포가 조금씩 발생하고 있는 물컵의 상태도 가시적으로 확인할 수 있었다.

한겨울에도 빛을 발하는 태양 덕분에 우리는 세상에서 제일 달콤한 코코아를 사이좋게 나눠 먹을 수 있었다. 비록 한 컵으로 만족해야 했지만, 장장 3시간의 기다림 끝에 맛보는 추운 날씨 속의 따뜻한 코코아 한 모금은 너무나도 달콤했다. 태양광에너지에 대해 탐구를 하기 이전에 태양광 조리기를 이용해 코코아를 만든 과정은 아이들이 이후에 실험할 주제에 의미를 부여하도록 하는 작업이었다. 질 들뢰즈Gilles Deleuze와 같은 철학자는 인간의 사유를 창조되는 것으로 보았기 때문에, 보통 자신에게 익숙하지 않은 새로운 것을 마주할 때 마음속에서 파생되는 어떠한 특별한 감정이 우리를 더 깊게 사고하도록 촉진시킨다고 말한다. 이와 관련해서 발현적인 교육과정을 중시하는 이탈

태양광으로 만든 코코아를 맛보는 모습

리아의 교육학자 로리스 말라구치Loris Malaguzzi는 '리좀적 사고'라는 명명을 통해 아이들의 서로 다른 경험과 경험, 지식과 지식, 사고와 사고가 마치 스파게티와 같이 뒤엉킨 상호 연계적인 탐구 과정을 강조한다. 학자들은 교육 과정에서 중요한 것은 이러한 연결을 통한 '지금-되기(present-becoming)'라고 말한다(『Deleuze&Parnet, 1987』). 교사는 태양광에너지(태양광 조리기)라는 미지의 영역, 아이들에게 익숙하지 않은 새로운 지식을 물을 끓여 코코아를 타 먹는 일상의 경험과 연계시키며 아이들의 흥미를 제고시키기 위해 노력했다. 태양광 조리기를 통해 달콤한 핫초코를 대접받은 아이들은 태양이 가진 빛이 열에너지를 갖고 있다는 사실을 체감했다.

교사 태양광이 전기 에너지를 만들 수 있는 힘을 갖고 있다는 사실을 알고 있니?

윤 태양이 아주 뜨거운 열을 모아서 번개처럼 잠깐 반짝이는 전기를 만드나 봐요.

교사 오! 그래. 번개는 전기 에너지를 갖고 있으면서, 또 빛 에너지도 갖고 있지. 태양광 전지는 태양광을 저장해서 에너지를 만들어. 태양광 원리는 쉽게 생각하면 태양이 가진 빛 에너지를 전기에너지로 바꿔주는 원리야. 빛은 에너지를 갖고 있거든.

이제 아이들은 태양열이 전기 에너지를 생산해낼 수 있음을 깨닫고, 지속가능에너지로서의 원리를 이해해야 했다. 교사는 어린 아이들에게 있어서 열과 전기 에너지 간의 연관성은 학습하기에 다소 난해한 개념이라고 생각했다. 그러나 아이들은 나름의 논리로 태양광을 번개와 동일시하는 견해를 내놓았다. 물론 이것이 정확한 태양광 발전의 원리는 아니

지만, 그래도 아이들은 태양광 발전과 관련된 공학적 원리를 스스로 추론하고 이해하려는 노력을 보였고 수업 내내 꽤 만족스러운 흥미와 몰입을 표현해주었다.

교사 선생님이 가진 판은 태양 패널이라는 거야. 태양 패널은 태양이 가진 빛 에너지를 흡수할 수 있는 기계(반도체)야. 태양 빛이 패널에 닿으면 안에 있는 기계에서 빛 에너지를 전기 에너지로 바꿔주지. 전기 에너지로 우리는 무얼 할 수 있을까?

훈 물건의 전원을 켜고, 자동차도 움직이게 하고. 전구, 냉장고, 텔레비전, 에어컨 다 전기로 작동해요.

빛이 들어온다! 진짜 전구 불이 켜졌어!

선생님! 엄청 센 손전등으로 할 때 전구 불이 더 하얗게 완전히 밝게 켜졌어요.

태양 패널에 연결된 전구 빛을 확인하는 모습

백문이 불여일견이라 했다. 스웨덴에서 유아과학교육을 강의하는 리세롯 마리엣 올슨Liselott Mariett Olsson은 학습에 있어서 무엇보다 유아의 주체성을 중시하고, 아이의 운동movement과 실험experimentation이 활발하게 이뤄지기 위한 교사들의 실천을 강조한다. 아이들이 직접 태양광전지에 빛을 비춰보고, 이로부터 연결된 전구에 빛이 들어오는 것을 눈으로 확인하는 것만큼 적절한 방법은 없을 것 같았다. 교사는 미리 준비해둔 태양광 패널에 손전등으로 빛을 비춰 볼 수 있도록 했다. 이때, 불빛의 세기가 다른 두 가지 종류의 손전등을 준비했다. 아이들이 빛의 세기에 따라 태양광 패널에 연결된 전구의 밝기도 달라짐을 확인하고, 이를 통해 태양광 패널이 빛을 흡수하는 만큼의 전기 에너지를 만든다는 것을 시각적으로 이해하도록 함이었다.

훈 선생님 나는 뉴스에서 태양광 자동차를 본 적이 있는데요. 전기 에너지로 어떻게 자동차가 달려요? 그리고 태양 패널 안에 있는 기계 부품들은 어떻게 생겼어요? 엄청 작을까요? 이게(태양광 패널이) 이렇게 납작한데 안에 어떻게 들어 있는 거지?

몇몇 아이들은 자신의 선행지식을 토대로 교사가 표현한 '기계'라는 말이 공학적으로 복합적인 구성물을 지칭한다고 판단하는 모습을 보였다. 그래서 형태가 다소 단순하고, 공간 또한 충분하지 않은 태양 패널 내부에 공학적인 원리를 실현하는 '기계'라는 것이 어떻게 포함되어 있는지에 대해 합리적인 의심을 표현했던 것이다. 또한 전기 에너지가 전구의 빛을 내는 것 외에도 자동차의 모터를 작동시킬 수 있다는 사실에 주목하며, 구체적인 태양 전지의 원리를 자발적으로 궁금해했다. 따라서 교사는 더 자세하게 패널의 원리를 설명해주어야 할 필요성을 느낄 수 있었다.

교사 태양 패널 안에는 반도체라는 작은 칩 모양의 납작한 전지들이 깔려있어. 태양 패널 안에 있는 반도체는 빛 에너지를 전기 에너지로 바꿔주는 거야. 어떻게 바꿔주냐고? 태양 빛이 패널에 들어가면 +에너지와 -에너지의 서로 다른 에너지가 생겨. 자석에는 어떤 극들이 있지?

태경 N극과 S극이요.

교사 그래. 자석 에너지에 N극과 S극이 있듯, 전기 에너지에는 +에너지와 -에너지가 있거든. 이렇게 각각 다른 에너지들은 서로 자유롭게 왔다 갔다 움직이면서 전기를 흐르게 하는데 이게 바로 전류야. 전류가 흐른다는 건 다시 말해서, 전기가 통한다는 거고, 그건 결국 전기 에너지가 전선을 타고 흘러 자동차의 모터를 돌릴 수 있다는 거지.

교육학에서, 학습자의 선행 지식이 어떻게 구성되어 있는지를 파악하는 것은 이후의 교육 활동을 전개해나가는 데 있어서 필수적인 과정이다. 일전에 아이들은 자석을 이용해서 자력이나 자기장을 관찰해보는 기초적인 실험을 진행했던 과거가 있었기에 교사는 자력 에너지에 서로 다른 극이 존재하듯이, 전기 에너지에도 서로 다른 에너지가 공존한다는 사실을 연결 지어 설명해주었다. 그 결과 학령기 유아뿐만 아니라, 만 4세의 어린아이들도 태양 전지에 대해 나름의 이해와 꽤 깊은 관심을 보여주었다.

물은 물체를 움직이게 만들어요

프로젝트의 도입 [주제 탐구]: 수력에너지의 원리 이해하기

교사 물도 우리 눈에 보이지 않는 에너지를 가지고 있을까? 무언가를 움직이게 하는 힘!

지율 강물이 바다로 흘러가는 것. 시냇물이 졸졸졸 흐르는 것. 이게 물의 에너지에요.

소율 그건 물 스스로가 흐르는 거고. 물 에너지는 배나 보트를 항해하게 만드는 게 아닐까?

지환 그건 모터로 작동하는 거야! 뗏목같이 모터가 없는 게 물이 진짜 움직이게 하는 거지.

대부분의 어린아이들에게 공통으로 적용되는 다소 암묵적이고 절대적인 과학 법칙이 하나 있다. 그것은 바로 '에너지=힘과 움직임'이라는 순수한 진리다. 그리고 아이들이 말하는 힘과 움직임은 '스스로 움직이는 것'과 '다른 대상을 움직이게 만드는 것' 모두를 포괄하기 마련이다. 그래서인지 아이들에게 수력은 '물이 움직이는 것 즉, 물이 흐르는 것'과 '다른 것을 움직이게 만드는 것 즉, 물에서 무엇인가가 떠내려가는 것'이었다. 그래도 한 가지 고무적인 사실은 자의적 원동력을 가진 물체(모터 배)는 수력에 의한 작용이 아니라고 배제하려는 시도를 했다는 점이다.

사실 엄밀히 말하면 수력은 단순히 물이 흐르는 것과 더불어서, 높은 곳에서 낮은 곳으로 떨어지는 낙차에 의한 것을 통칭한다. 그렇기 때문에 교사는 이러한 개념을 이해시키기

에 앞서 흐르고 고이며, 퍼지고 회전하고 튀기고 떨어지는 등의 다양한 물의 움직임을 먼저 파악하는 것이 선행되어야 한다고 판단했다.

지율 앗 차가워. 선생님 신기한 거 보여줄까요? 이렇게 물을 땅바닥으로 떨어뜨리잖아요? 물이 떨어졌는데 물방울들은 다시 위로 튀어 올라요!

아이들은 먼저 양동이에 물을 담아와 대형 틀에 물을 모으기 시작했다. 양동이에 담긴 물을 대형 틀에 쏟아부을 때마다 물방울이 사방으로 튀었다. 아이들은 사방으로 튀는 물방울을 보며 물만이 갖는 움직임의 특성을 파악하기 시작했다.

하지만 물은 투명하다. 투명한 물의 움직임과 유속을 가시적으로 볼 수 있는 방법은? 물에 색을 입히는 것만큼 효과적인

황토 가루를 물에 풀고 있는 모습

방법이 없을 것이다. 이제 우리는 물의 움직임을 더 자세히 살펴보기 위해 물에 황토 가루를 풀기 시작했다.

지환 이것 봐. 물이 황토 가루를 퍼뜨리고 있어. 지금 물이 흐르고 있는 거야.
지율 가루가 퍼지는 모습을 보면 물이 어떻게 움직이고 있는지 알 수 있을 것 같아.

물에 풀린 황토 가루의 움직임을 살펴보니 가루가 물의 움직임에 따라 중심부에서 가장자리로 점차 퍼지는 것을 확인할 수 있었다. 이후, 아이들은 막대로 물을 직접 저어보면서 황토 가루를 물에 희석시켜보았다. 이때에는 드디어 유속과 관련된 물살을 관찰할 수 있었는데, 아이들은 저마다 물을 젓는 빠르기를 다르게 해보면서 물살의 방향이나 크기를 비교하며 실험해보았다.

그리고 나서는 황토물에 천을 넣고 염색놀이를 해보았는데, 물의 움직임을 체감해보는

방법은 아무래도 손이나 발과 같이 인체에서 민감한 부분을 활용하여 직접 느껴보는 것이 가장 일차원적이면서도 효율적인 대안이었기 때문이다. 더불어서 이 방법이 교육적으로 이상적인 형태를 띠고 있기 때문이다. 아이들은 천을 염색시키는 과정에서 손으로 주무르고, 발로 밟아보는 등의 방식으로 물장구를 쳐보고 물이 지니고 있는 고유한 힘과 움직임을 파악할 수 있었다. 교육 활동을 놀이에 접목하는 방식은 근래 들어 많은 교사가 추구하는 방향인데, 아이들이 놀이를 통해 학습 과정에 더 깊이 몰입할 수 있기 때문이다.

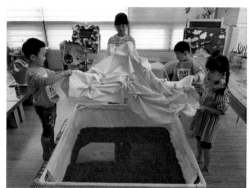 

황토물에 천을 담그고 염색하는 아이들의 모습

교사 수력에너지는 물을 이용해서 전기를 만드는 힘이야. 물이 정말 전기를 만들어 낼 수 있을까?

훈 물이 전기를 통하게 하는 건 아닐까요?

아이들은 가루를 물에 풀어보고 염색놀이를 온몸으로 즐기면서 물이 물체를 움직이게 하는 힘을 갖고 있다는 것을 인식할 수 있었다. 한바탕 물놀이를 즐긴 뒤, 우리는 물레방아와 수력 발전용 모터를 이용해서 수력에너지가 전기 에너지를 생산할 수 있다는 사실을 이해해보기로 했다. 아이들은 물이 전기를 만들 수 있다는 막연한 사실을 물이 전기를 통하게 하는 전도체의 역할을 수행하는 것으로부터 비롯된다고 추측하기도 했다. 물이 가진 고유한 힘(흐르거나 낙차에 의한 힘을 갖거나 하는 등의 물의 움직임 혹은 물체를 움직이게 하는 힘) 자체에 대한 이해가 선행된 아이들은 수력에너지를 전기의 유도체로 추론하고 있었다. 여기서 교사는 수력에너지가 물이 가진 위치 에너지나 운동에너지를 동력으로 하여 에너지를 파생시킨다는 사실을 인지시키기 위해 실례를 제시했다. 그것은 바로 낙차와 물레방아의 원리였다.

물레방아는 물의 힘으로 바퀴를 돌려 곡식을 빻을 수 있는 도구다. 이렇듯 물의 에너지를 이용해서 혹은 이로 인해 파생되는 변환 에너지를 통해서 기계를 작동시키는 원리를 통틀어 '수차'라고 통칭한다. 수력 발전은 물의 위치에너지와 운동에너지의 전환을 원동력으로 한다. 높은 곳에 있는 물을 아래로 떨어뜨리는 낙차가 크면 클수록 발생하는 에너지의 파급력이 커지게 된다. 즉, 물이 떨어지는 높이 차이 만큼에 해당하는 위치 에너지가 운동에너지로 변환되고, 이때 쏟아지는 물이 수차에 전달되면 다시 수차에 연결된 회전기가 전기를 생산하는 원리다.

수력발전의 원리를 이해하기 위해서는 낙차의 크기에 따라서 에너지의 힘이 다르다는 것을 인지할 필요가 있다. 그래서 우리는 높이를 달리해서 물을 떨어뜨려 보고 이때의 물레방아 회전을 비교해보았다. 실험할 때에는 물의 높이 외에 다른 변인을 통제할 필요가 있기 때문에 다소 일정하고 안정적으로 돌 수 있는 기성품을 실험대상의 물레방아로 사용했다. 확실히 높은 곳에서 물을 떨어뜨릴 때 물레방아는 더 빠르게 회전하는 것을 확인할 수 있었다. 원래 의도대로라면 타이머를 갖고 일정 시간 동안 물레방아가 도는 회전 횟수를 측정해보려 했으나 생각보다 물레방아가 빠르게 회전했기 때문에 아이들의 수준에서 정확한 측정은 다소 어려운 듯했다. 그러나 어린아이들의 눈으로도 가시적으로 확인이 가능할 만큼 빠르기의 비교는 가능했기에 낙차의 크기에 따라 수력에너지가 공급할 수 있는 운동에너지의 힘이 달라질 수 있음을 알 수 있었다.

훈   선생님! 혹시 물을 떨어뜨리는 위치 말고 물의 양도 중요하지 않을까요?

한 가지 흥미로운 사실은 아이들이 실험 과정에서 수력에너지의 중요 요소로 낙차 외에도 물의 양을 간주하고 있다는 점이었다. 이는 대용량의 물을 저장하는 댐과 같은 형식의 수력 발전을 이해하는 데에도 도움이 될 수 있을 만한 의의 있는 추론이었기에 우리는 바로 2차 실험에 돌입했다. 이후 아이들은 물의 양을 달리해서 물레방아를 돌려봤고, 실험을 토대로 도출한 결론은 다음과 같았다.

낙차가 크면 클수록, 물의 양이 많으면 많을수록 물레방아를 돌릴 수 있은 운동에너지가 더 많아지는구나!

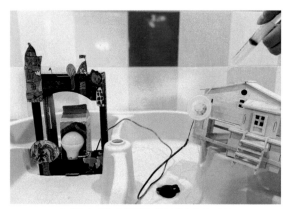

아이들이 만든 수력발전기를 작동시키는 모습

마지막으로 아이들은 물레방아의 원리를 이용한 수력발전기를 만들어서 물레방아의 운동에너지가 직접 전기 에너지를 생산하는 것을 최종적으로 확인하였다. 실험 원리는 단순하다. 주사기를 이용하여 일시적으로 강한 물줄기를 물레방아에 발사하면, 연결된 발전 모터가 돌아가면서 전력을 생산한다. 이때 생성된 전기 에너지는 전구 불을 밝히게 된다. 아이들은 이를 통해 수력에너지가 전기를 만들 수 있다는 사실을 체감했다.

선생님! 전구에 불이 들어와요! 건전지가 없는데 전구 불이 켜졌어요.
물레방아가 진짜 모터를 돌리면서 전기가 만들어졌나 봐요.

이 과정은 아이들과 함께 물레방아와 발전 모터, 전구와 전선을 이용해서 실생활에서 활용될 수 있는 수력 발전기를 재연해본 것이었다. 이를 통해 아이들은 물레방아의 회전이 발전기를 작동시키며, 발전 모터가 전기 에너지를 만들어낸다는 것을 직접 체험할 수 있었다. 중요한 것은 주사기를 이용해서 한 번에 강한 세기의 물로 물레방아를 돌릴 때만 전구 불이 켜졌는데, 이를 통해 아이들은 전력을 생산하기 위해서는 단순히 물만 필요한 것이 아니라 물줄기의 세기 즉, 압력이나 낙차에 의한 강한 힘이 필요하다는 것을 알게 되었다.

지구야. 깨끗한 물을 줘서 고마워. 저 멀리 우주에서 바라봐도 파랗고 깨끗한 바다로 만들어줄게.

그렇게 한겨울에 뜻밖의 물놀이를 즐긴 아이들은 지구 자원의 소중함을 다시 한번 느낄 수 있었고, 물이 가진 생동력과 그로 인해 생산할 수 있는 에너지를 확인할 수 있었다.

03 바람은 주변에 크고 작은 변화를 일으켜요

프로젝트의 도입 [주제 탐구]: 풍력에너지의 원리 이해하기

교사 바람은 어떤 힘을 갖고 있을까?

윤 바람은 시원해서 열이 없을 것 같아서 전기를 만들 수 있는지 모르겠어요.

훈 수력에너지처럼 물레방아 같은 걸 돌리지 않을까요? 발전 모터가 연결된 바람개비처럼!

이제 아이들은 바람이 가진 힘을 태양에너지의 열이라던가 수력에너지의 낙차와 연관 지어 추론할 줄 아는 모습을 보였다. 아이들은 스스로 주제를 탐구하고, 대상을 실험해보고자 하는 욕망으로 가득했다. 학습에 대한 내적 동기가 충분한 아이들은 이미 그 자체로 어린 과학자이자 어린 발명가였다. 궁금한 것을 확인하고자 하는 아이들의 모습은 유능한 지식 구성자로 손색이 없었기에 또래와 혹은 교사와 함께 협력적으로 프로젝트를 이끌기 충분했다.

풍력에너지에 대한 이해 역시 바람이 자체적으로 가진 고유의 물리적 에너지를 탐구해보는 것부터 학습을 시작했다. 교사가 바람이 가진 힘에 대해 질문하자, 처음에 아이들은 바람의 온도를 바람의 힘과 동일시하여 이해하는 모습을 보이기도 했다. 아이들이 어떠한 개념을 이해할 때 범하는 지각적인 오류는 또 다른 추측을 시도하고 새로운 인과관계를 추론해볼 수 있는 기회가 되기도 한다. 이 때문에 바람이 가진 힘은 바람의 온도가 얼마나

뜨겁고 시원한지와 관련된 것이 아니고 바람이 물체를 날릴 수 있는 힘이 얼마나 센지 혹은 바람의 이동이 얼마나 빠른지와 관련된 것들이라고 이야기해주자, 아이들은 일상에서 접했던 바람의 힘과 연관된 경험을 회상하기 시작했다. 눈치가 빠른 아이는 수력에너지가 물레방아를 돌리는 낙차의 원리와 바람의 힘을 연관 짓기도 했다.

교사 바람이 불면 정지해있던 물체는 어떻게 될 것 같니?

지율 물건이 바람에 날아가요. 풍선이 바람에 날아가는 것처럼요. 바람에 흔들려요. 머리카락도 흔들리고, 꽃도 흔들리고. 바람이 가진 힘은 무언가를 흔들고 날리고 하는 것 같아요!

소율 바람이 불면 더 빨리 달려가요. 바람이 많이 불 때 자전거를 타면 더 빠르거든요.

지환 아! 알았다. 누나 그건 가속도야. 바람은 물체의 가속도를 만드는 힘을 갖고 있어!

아이들이 지니고 있는 바람과 관련된 경험의 모습

아이들은 풍력에너지와 관련해서 '바람이 물체를 움직이게 만드는 힘을 갖고 있다'는 원리가 실현된 예시로 종이비행기나 연날리기, 바람개비 돌리기, 민들레 홀씨 불기 등의 선행 경험을 이야기하기 시작했다. 또한 이 외에도 풍선을 갖고 논 기억, 비눗방울을 불었던 기억, 자전거를 탄 기억 등의 경험에서 바람이 어떤 현상의 에너지원으로 작용했음을 추론했다. 이러한 경험들은 아이들이 일상에서 직접 바람이 가진 힘을 체감해본 경험이었다.

특히, 이 중에서 몇몇 경험들은 바람이 부는 세기에 따라 물체를 움직일 수 있게 하는 운동에너지의 양이 달라질 수 있음을 생각해볼 수 있게 하는 계기가 되었다. 예를 들어,

바람과 물체의 속도 간의 관계를 체감했던 사연들의 모습

연을 날려본 기억이라던가 자전거 또는 그네 등을 탔던 경험은 아이들이 풍력의 강도를 스스로 체감해 볼 수 있는 경험이었는데, 해당 경험이 움직임의 크기와 풍력 간의 연관성을 갖고 있었기 때문이다. 아이들은 주로 "나는 똑같은 속도로 운전을 하고 있는데, 바람이 많이 불면 불수록 자전거가 더 빠르게 달리는 것처럼 느꼈다.", "내가 빨리 달려서 바람이 많이 불수록 연이 더 높이 날았다.", "바람이 많이 부는 날은 그네가 더 높이 올라가고 많이 흔들렸다." 등과 같은 발언을 많이 했다. 이런 경험들은 바람의 세기에 따라 물체의 움직임이 결정되거나 혹은 물체가 빠르게 움직일수록 파생되는 바람의 양이 커지는 등의 인과관계를 바탕으로 한 것이었다. 아이들과 함께 주제와 관련된 경험을 이야기 나누고, 이를 탐구로 연결 짓는 과정은 교사가 일방적으로 지식을 전수하고 아이들이 이를 숙지하고 모방하는 것이 아니라, 함께 지식을 구성해 나갈 수 있다는 점에서 매우 효율적이었다.

태경 바람은 물건을 움직이게 하는 힘 말고 열을 식히는 힘을 갖고 있어요. 뜨거운 음식을 후후 불면 안 뜨겁게 식힐 수 있잖아. 그런데 전기 에너지를 만들려면 태양광처럼 뜨거워야 하는 것 아닐까? 바람은 그 반대니까 에너지를 못 만들 것 같은데…

훈 아니지. 풍력에너지는 물체를 움직이게 하는 힘을 갖고 있고, 수력에너지처럼 물레방아 발전기를 돌려서 전기 에너지를 만들 수 있는 거야.

지환 에너지를 가진 것들은 모두 전기를 만들 수 있을 것 같아. 물이랑 태양처럼!

훈 바람개비처럼 생긴 풍력 발전기 본 적 있어. 그런데 그때 전기 모터 같은 거 본 적 없는 것 같은데… 풍차랑 풍력 발전기랑 같은 건가? 다른 건가?

아이들은 바람이 물체를 흔들거나 날려버릴 수 있는 힘을 갖고 있다고 판단하거나 혹은 이미 움직이고 있는 물체에 가속도를 붙일 수 있는 힘을 지녔다고 이야기했다. 이 중, 만 4 세의 한 아이는 바람이 어떤 물체의 열을 식힐 수 있는 것에 주목하여 온도와 관련된 에너지를 다시 언급하기도 하였다. 그리고 아이들은 스스로 수력에너지가 전기에너지를 생산했던 원리를 대입하여 풍력에너지의 원리를 이해하기 시작했다. 우리는 먼저 시중에 판매되고 있는 교육용 풍력 발전 모형을 자세히 살펴보기로 했다. 아이들이 단순한 형태의 풍력발전기 내에 전기 에너지를 생산할 수 있는 복잡한 형태의 기계가 내장된 것이 가능한지를 궁금해했기 때문이다. 이때 아이들은 꽤 진지하고 체계적인 관찰 태도를 보였는데, 한 친구가 프로펠러를 돌리면 그동안 다른 친구는 풍력 발전기가 돌아가고 있는 상태를 관찰하기도 했다. 돋보기를 통해 풍력 발전기를 탐색하던 아이들은 이내 곧 전자기 유도 코일을 발견했다.

소율 선생님! 이 금색 선들(코일 지칭)은 뭐에요?

교사 이 선들은 코일이라는 거야. 코일은 모터를 돕는 친구야. 얘들아, 모터는 어떤 힘을 갖고 있지?

윤 모터는 바퀴를 빙글빙글 돌려요. 모터는 움직이는 힘을 갖고 있어요.

교사 모터는 자석과 이 코일과 함께 일해. 여기 보이는 이 코일에 전기를 흘려주고, 그 옆에 자석을 갖다 대면 전기 에너지들이 더 활발하게 돌아다닐 수 있는 힘을 만들어주거든. 그렇게 되면 전기에너지가 훨씬 더 많이 이동할 수 있고, 모터가 더 잘 움직일 수 있어.

아이들에게 있어서 '모터'는 스스로가 돌면서 운동에너지를 만들고, 이 운동에너지가 다시 발전기를 돌리며 전기 에너지를 생성하도록 돕는 주체였다. 그렇기 때문에 어린아이들은 모터를 전기 에너지와 동일시하는 양상을 보이곤 했는데 풍력 발전기의 코일을 확인한 경험은 모터가 전기 에너지를 어떻게 발생시킬 수 있는지의 방법적인 측면을 이해하고자 한 시도로 전이될 수 있었다.

그리고 나서 아이들은 풍력발전기 모형을 작동시키면서 프로펠러가 돌 때 전구에 불이 들어오는지부터 직접 확인하였다. 전구가 켜짐으로 인해 풍력에너지가 전기 에너지를 만들 수 있다는 사실을 깨달은 아이들은 이후 반복적인 동작을 토대로 손으로 바람개비를 돌릴 때는 전구가 작동하지 않고, 입으로 바람개비를 돌릴 때만 전구가 작동한다는 사실을 알아냈다. 이는 바람이 지속되는 시간과 바람의 세기에 따라 풍력에너지의 크기가 달라질 수 있다는 것과 연관되는 발견이었다.

풍력 발전기를 손으로 돌릴 때와 입으로 불어 돌릴 때를 비교하는 모습

이후 우리는 직접 프로펠러 모터에 전구를 연결하여 풍력에너지를 생산해보았다. 아이들은 풍력 발전기 속에서 코일의 역할을 알게 된 이후 스스로 자신의 발전 모터에서도 코일이 감겨 있는지부터 확인했다. 아이들은 직접 소형 발전 모터에 프로펠러를 달고, 모터에 연결된 전선의 양 끝에 공업용 소형 전구를 연결했다. 이때 사용한 소형 발전 모터는 아동 학습용으로 시중에 판매되고 있는 창작용 모터였기 때문에 어린 유아들도 상대적으로 쉽게 조작할 수 있는 이로움이 있었다.

풍력발전모터에 전구를 연결하는 모습

어린 친구들은 풍력 발전의 원리를 선행했음에도 불구하고, 자신의 풍력 모터가 실제로 전구의 불을 밝힐 수 있을지에 대하여 반신반의하는 모습을 보였다. 이는 유아들이 발전기의 원리를 완벽하게 숙지하지 못한 것을 반증하기도 했지만, 잠시 후 밝혀질 환한 불빛이 이러한 아이들의 불신을 단숨에 잠재울 수 있는 원동력이 될 것이기에 교사는 잠자코 아이들이 스스로 의구심을 해결할 수 있도록 지켜보았다. 아이들마다 지식의 발견에 접근하는 방식은 모두 상이했는데, 보다 심오하고 흥미로운 가정을 제시한 아이도 있었다. 예컨대 풍차를 이용하여 전력을 생산하는 마을에 대해 이야기를 나누던 중, 초등학생 훈이는 풍력 발전을 활용하는 방식으로 "바람을 스스로 만들어낼 수 있는 발전 모터를 개발하면 바람이 불지 않는 곳에서도 풍력 발전 모터를 활용할 수 있지 않을까?"라는 이야기를 했다. 그러면서 아이는 햇빛도 없고, 바람도 불지 않으며 많은 양의 물도 구할 수 없는 땅속과 같은 지하에서도 지속가능에너지를 만들기 위해서는 바람을 생산해내는 풍력발전기가 가장 효율적일 것이라는 주장을 했다. 그 이유는 임의로 만들기에는 태양은 너무나 거대한 에너지원이고, 낙차를 만들 만큼의 물은 저장공간을 많이 차지할 것이라는 까닭에서였다. 그러면서 아이는 "풍력 발전 모터를 작동시키기 위한 바람을 만들기 위해서는 선풍기와 같이 바람을 만드는 기계가 함께 있어야 하고, 그 기계를 돌리기 위해서는 어차피 전기가 필요하고… 무한 반복이네!"라며 고개를 저었다. 자신이 가정한 발전방식의 문제점을 구체적으로 해결해보는 것까지는 나아가지 못했지만, 짧은 시간 안에 새로운 시도를 생각해낸 것만으로도 충분히 가치 있는 접근이었다.

윤 선생님! 손으로 전구를 감싸서 주변을 어둡게 만들어주세요. 그래야 빛이 잘 보여요. 바람을 더 세게 불면 불빛이 더 환해질까요? 바람이 밖으로 새지 않게 바람을 가둬줘요. 이렇게 '후' 불 때 얼른 프로펠러를 손으로 막아서 바람이 다른 데로 못 가게 도와줘요.

아이들이 프로펠러를 세차게 돌리자 순간적으로 전구에 밝은 빛이 들어왔다가 나갔다. 아이들이 불어낸 입김

풍력발전 방식으로 전구 불을 밝히는 모습

이 작은 빛을 탄생시키는 순간이었다. 풍력에너지가 전기 에너지를 만들 수 있다는 것을 눈으로 확인한 아이들은 바람의 세기와 양이 더 큰 전기 에너지를 만들 수 있으리라고 추측하기도 했다. 작은 발전 모터 하나로 나름의 찬란한 불빛을 만들어내며 지속가능에너지의 가능성을 확인하고 즐거워하던 아이들이었다.

Part 3

씨앗이 품고 있는 어둠 속 밝은 희망

지속가능에너지를 활용한 융합예술교육

말과 글만으로 자기 생각을 상세하고 진술하게 표현하는 데 있어 한계를 느끼는 아이들에게 있어 '예술'은 최선의 언어일 것이다. 설사 이러한 목적 지향적인 이유를 배제하더라도 예술은 아이들이 그 자체로서 즐기고 행복해할 수 있는 놀이다. 아이들이 웃고 울 때마다 그들의 몸짓과 표정, 소리는 예술이 되기 마련이다. 음악과 미술 그리고 동작은 한 폭의 그림이 된다. 그리고 이러한 역동적인 그림들은 아이들의 삶을 대변한다. 이 때문에 아이들은 예술을 사랑한다.

　현장의 많은 교사가 예술을 학습의 수단으로 선택하는 까닭도 이런 이유에서다. 아이들은 자신이 좋아하는 것을 토대로 무언가를 배울 때 가장 효과적으로 학습하기 때문이다. 배움 그 자체를 즐긴다는 것은 교사들이 지향하는 가장 이상적인 교육상이 아닐까 싶다. 세계적으로 저명한 다중지능학자인 하워드 가드너Howard Gardner는 인간의 지적 능력을 각기 독립적이고도 상이한 여러 유형으로 다분화하고, 이렇게 다양한 유형의 지적 영역이 상호 복합적이고 유기적으로 작용한다고 말한다. 예컨대 인간의 뇌를 구성하고 있는 지적 영역을 언어지능, 논리수학지능, 음악지능, 대인관계지능, 개인내적지능, 자연지능, 공간지능, 신체운동지능, 실존지능의 9가지 영역으로 세분화하고 여러 지능이 복합적으로 얽혀 한 사람의 독창적인 지적 양식을 형성해낸다는 것이다.

　교육학자들은 이 다중지능이론을 학습자의 학업성취능력을 제고시키기 위한 방법론적 수단으로 접근한다. 즉, 아이마다 상대적으로 가장 잘 발달한 상위 유형의 지적 능력이 다르며, 이에 따라 여러 유형의 지적 영역이 상호 영향을 미치는 방식도 상이할 것이기 때문에 학습자 개개인에 따라 개별적인 학습 전략을 취하는 것이 효율적이라는 것이다. 이를테면, 음악을 좋아하는 아이가 한글을 배운다는 상황을 가정해보자. 이때, 아이에게 한글 자모음을 가사로 만든 노래를 교수할 때 아이는 보다 효과적으로 한글을 익힐 수 있을 것이다. 또는 미술에 흥미를 보이는 아이에게는 한글의 글자 모양을 다양한 그리기 활동으로 표상해내게 한다면? 그 아이는 그 어느 교육 방식보다 손쉽게 한글을 깨우치게 될 것이다. 융합예술은 다양한 지능 영역을 포괄적이고 복합적으로 자극할 수 있다는 점에서, 그리고 대부분의 아이가 예술활동을 삶의 연장이자 놀이로 즐긴다는 점에서 매우 매력적인 주제가 아닐까 싶다. 이 때문에 저자는 지속가능에너지를 활용한 과학과 미술의 접목을 토대로 색다른 예술활동을 계획하게 되었다.

아이들이 함께한 융합예술활동은 크게 2가지 형태의 전개 과정을 거치도록 고안되었다. 첫째로, 지속가능에너지를 적극적으로 활용해서 생활하는 미래의 모습을 상상하며 이를 예술활동으로 표현해보도록 하였다. 이는 지속가능에너지의 활성화를 추구하도록 하는 희망을 반영한 활동이었다. 둘째로, 융합예술활동을 통해 구체적으로 조작 가능한 조형물을 완성함으로써 아이들이 직접 지속가능에너지의 활용 가능성을 체감해볼 수 있도록 하였다. 이를 통해 아이들은 공학과학의 여러 요소를 예술활동과 융합 시켜 경험해볼 수 있었다. 결론적으로, 다양한 융합예술활동을 통해 아이들은 지속가능에너지의 활용 가치를 실현 가능케 함과 동시에 지속가능에너지의 원리 그 자체에 관심과 흥미를 느낄 수 있었다.

01 태양광에너지로 상상 속 세상을 그려요

프로젝트의 전개 [지속가능에너지를 활용한 융합예술활동]: 태양광 마을 벽화와 태양광 주택 완성하기

진보적인 성향의 교사들은 표준화나 시험과 같은 절차를 비판하며 교육 활동에 있어서 색다른 시도를 하는 데에 갈증을 느낀다. 이들은 규정된 지식을 전수하고 시험이나 결과물로 대상을 평가하는 기존의 교육에 개혁의 바람을 불어넣으며 새로운 교육 내용과 새로운 관점, 새로운 방식을 찾아내고자 한다. 이러한 노력의 일환으로 저자는 융합교육을 통한 예술활동을 주제 탐구를 위한 일련의 과정으로 접목했다. 이 과정에서 아이들이 자기 생각을 표현할 때 사용하는 다양한 표현 방식(언어와 행

동)을 기록하고, 이를 토대로 프로젝트를 지속할 수 있도록 정리했다. 이번 프로젝트는 지속가능에너지를 활용한 융합예술활동을 전개해 나가면서 그 양상이 더욱 심화된 셈이다.

저자는 지속가능에너지 프로젝트를 더 심화하기 위한 방안으로 지속가능에너지를 활용한 융합형 예술활동을 고안해냈다. 태양열에너지를 활용한 융합예술활동으로 우리는 태양광에너지를 이용하여 전력을 생산할 수 있는 조형물을 만들어보고, 태양광으로 생활하는 마을을 상상하여 그려보았다. 태양광 마을을 그려보는 과정은 태양광에너지를 더 활성화한 바람직한 미래상을 그려본 것이고, 조형물을 만든 작업은 태양광에너지를 아이들이 직접 활용해보도록 한 활동이었다.

태양은 아이들이 일상에서 가장 가깝게 그리고 또 가장 멀게 느끼는 주제였기 때문에

상상과 추론이 공존하는 재미있는 결과물을 도출할 수 있었다. 태양광 주택을 만드는 작업은 주변에서 폐상자를 구해와 집 모양의 형태로 이어 붙이고, 건축용 자재(핸디코트)를 덧발라 단단한 벽돌집의 질감을 표현해보는 것으로 시작되었다. 조형물이 집의 형태를 갖춘 뒤에는 채색 작업이 시작되었다. 거대한 조형물을 6명의 아이가 동시에 협업하여 제작하는 과정은 어린아이들에게 꽤 높은 지구력과 협동심이 필요한 작업이었다. 그러나 아이들은 온몸으로 부딪히며 이전과는 다른 규모의 미술 작업에 적극적으로 임했다. 흥이 난 아이들은 조형물을 올려놓은 책상을 밟고 올라가서 상자의 상단 부분을 채색하기도 하는 등 보다 역동적인 움직임을 보이기도 했다.

> **훈** 태양광에 무지개 색깔이 모두 있는 것 알아? 하얀 벽에 무지개가 뜬 것처럼 칠해보자. 태양광에 있는 색깔 스펙트럼이 하얀 벽에서 반사되고 있는 모습인 것처럼 해보는 건 어떨까?

아이들은 조형물을 색칠하면서, 태양광 패널을 사용하는 집은 태양열을 많이 흡수해서 태양광 스펙트럼에 있는 무지개 색깔을 띨 수도 있다며 집을 알록달록하게 칠할 필요성을 강조했다. 그래서 아이들은 각자 무지개에 있는 빛깔들을 하나씩 맡아 칠하기로 했다. 아이들의 발언은 지극히 과학적이기도 한편으로는 지극히 감성적이기도 동시에 지극히 심미적

조형물을 무지개 빛깔로 칠하고 있는 아이들의 모습

이기도 한 발언이었고, 교사는 이 순간들을 기록하기 위해 열심히 녹음하고 또 촬영했다.

드디어 꽤 긴 채색 작업이 이뤄진 끝에, 주택의 본체 부분이 완성되었다. 태양광 주택은 아이들이 여러 가지 색깔로 채색한 덕분에 알록달록 무지개 빛깔을 자랑하는 모습을 갖추게 되었다. 태양광 집을 만들기 위한 구조물에서 가장 중요한 태양광 패널 지붕을 제작할 차례가 되었다. 태양광 지붕을 만들기 위해서는 실제 태양광 패널을 부착해야 했기 때문에 지붕의 크기나 형태가 중요했고, 패널의 무게를 견디기 위한 지붕 자체의 견고성도 고려

조형물의 채색 과정이 마무리되고 있는 모습

되어야 했다. 우리는 고민 끝에 무게가 지나치게 무거워서 구조물의 하단부를 압박하지 않으면서도, 그렇다고 재료 자체가 유연해서 휘어지지 않고 지붕 고유의 형태를 유지할 수 있는 재료로 '우드록'을 선정하였다. 아이들은 교사와 함께 우드록을 3중으로 이어 붙여 사다리꼴 형태의 지붕을 만들었고, 가장 상단 부분에 패널을 부착하기로 하였다.

교사 태양광 패널이 햇빛을 잘 흡수할 수 있도록 하는 방법으로는 무엇이 있을까?

태경 지붕을 검은색으로 칠하는 건 어때요? 검은색이 햇빛을 더 잘 흡수한다던데…

소율 아니면 거울로 햇빛을 반사해서 햇빛이 서로 빛나면서 패널로 가게 하는 건 어때?

훈 그게 효과가 있을까? 그런데 유리는 위험하지 않아?

우드락을 이어 붙여 지붕을 만드는 모습

그리고 나서 아이들은 지붕을 구성하기 위한 재료를 탐색했다. 초등학생들은 햇빛을 흡수하는 조건과 햇빛을 반사하는 조건의 차이를 선행 지식으로 형성하고 있었기에 태양광 패널의 주변부에서 빛을 흡수하게 돕도록 하는 것이 좋은 것인지, 혹은 빛을 반사하고 분산 시켜 패널 부분으로 유도하는 것이 좋은 것인지와 관련된 토론을 하기도 했다. 아이들은 나름대로 '패널 주변에서 빛을 다 흡수해버리면 정작 패널로 유입되는 빛의 양은 줄어들 것이다.'라는 가정을 내놓았고 거울을 패널 근처에 붙이겠다고 요구했다. 교사는 안전상의 이유로 이와 비슷한 매체인 공CD를 제공해주었다. 아이들은 공CD를 붙이고 남은 여백은 다양한 색감의 재료로 장식했고, 지붕의 한 가운데에 부착한 패널은 집 안에 있는 전구와 연결해주었다.

빛을 반사시켜 패널로 모아주기 위해 공CD를 부착하는 모습　　힘을 합쳐 태양광 지붕을 완성시키고 있는 아이들의 모습

한편, 태양광 마을 벽화를 그리는 일은 꽤 많은 상상력과 이를 구체화하기 위한 도안적 구상이 필요했다. 우선 우리는 태양광을 이용해서 어떤 에너지를 만들고 싶은지에 대해 이야기 나눴다. 만 7세의 소율이와 훈이는 '태양광을 이용한 전구', '태양광을 이용한 모터' 등과 같이 태양에너지를 탐구했던 내용에 근거하여 태양광 자동차와 태양광 집을 그릴 것이라고 대답했다. 고학년의 아이들이 상대적으로 현실적인 태양광 마을의 모습을 유추해낸 것과 달리 저학년의 아이들은 태양광에너지를 무한한 가능성을 가진 전력으로 생각하며 '태양광으로 발사되는 로켓'과 '태양광으로 움직이는 기차' 등과 같은 재미있는 상상을 꿈꾸었다. 구상해본 교통수단을 그리기에 앞서, 일단 아이들은 각자 태양광 마을에 짓고 싶은 집들을 그려보았다.

소율　아파트처럼 여러 사람이 살려면 그만큼 에너지가 많이 필요하잖아. 태양은 낮에만 있어서 에너지를 엄청 많이는 만들 수 없어.

훈 다들 태양광 패널 어디 있어? 패널이 없으면 어떻게 전기를 만들어. 지붕에 태양광 패널을 많이 많이 깔아야지.

소율이는 태양에너지를 활용할 수 있는 시간의 유한성과 전력량을 고려해서 아파트 대신 전원주택을 그렸다. 훈이 또한 태양광에너지의 원리를 이해하고, 태양광 패널이 태양광 마을에서 꼭 필요한 존재임을 인지하고 있었다. 그렇기에 훈이는 그림 속 지붕에 가로세로 직선을 교차 시켜 태양광 패널을 형상화한 모습을 독창적으로 표현했다. 아이들은 나름대로 지속가능에너지에 대해 탐구하고 실험했던 지난 과정을 융합예술활동에 있어서도 상기시키고 있었다.

태양광 패널을 지붕에 부착한
주택을 그리는 모습

윤 전기를 만들려고 집이 햇빛으로 가득 차서 무지개 색깔이야. 왜냐하면 햇빛은 사실 빨강 노랑이 아니고 무지개 색깔이잖아. 우리가 만든 태양광 주택처럼.

윤이는 친구들과 함께 만들었던 태양광 주택을 회상하면서 빛의 스펙트럼을 그림 속 집을 표상하는 데에 반영했다.

햇빛으로 가득 찬 주택의 모습

태양광 집들을 그려낸 뒤에는 마을의 배경을 완성하기로 했다. 아이들은 바탕을 채색하는 데 있어서 고려해야 할 요소로 태양이 있는 '하늘'을 중심에 두었다.

윤 햇빛이 많은 하늘에 에너지가 많이 모여요. 해님 색깔이 하늘에 가득가득 퍼진 거예요.
태경 깜깜한 밤이야. 그래야지 전구 불이 더 잘 보이니까.

아이들이 하늘의 색깔을 선택하는 기준은 태양광 마을을 표현한 그림이기 때문에 '태양의 유무'와 관련이 있었고 이는 다시 말해서 '낮과 밤'을 의미하기도 했다. 낮을 표현하려 한 아이들은 햇빛을 통해 태양광에너지를 생산하고 있는 순간을 중시한 데서 비롯된 판단이었고, 밤을 표현하려 한 아이들은 낮 동안 저장해 놓은 태양광에너지를 활용해서 전기를 사용하고 있는 순간을 나타내고자 한 데서 비롯된 판단이었다.

각자 낮과 밤을 표현하고 있는 아이들의 모습   노을지는 하늘을 표현하고 있는 모습

소율 선생님! 노을 지는 하늘이 태양열이 가장 강렬할 것 같은데 아닐까요? 아닌가? 오후 2~3시가 지표면 온도가 가장 높다고 했던 것 아닌가? 노을 지는 순간은 조금 이른 저녁이잖아요. 오후 2~3시부터 강한 태양에너지를 저축해놓은 게 노을 질 때쯤 더 폭발적으로 쌓이지 않을까요?

훈 그런데 지표면의 온도가 높을 때랑 태양에너지의 양이 가장 많을 때가 서로 일치하지 않고 다를 수 있지. 노을 지는 순간이 태양 빛이 가장 강렬할 것 같아 나는.

아이들 중 일부는 붉은빛으로 물든 노을 지는 하늘이 태양열이 가장 셀 것 같다고 이야기했다. 아이들은 태양열이 가장 강렬한 시간대를 비롯하여 지표면의 온도가 하루 내에서 어떻게 변화하는지와 관련된 탐구 내용을 근거로 진지한 추론을 시도하기도 했다. 아이들이 특정 주제에 대해 지적인 호기심을 표출하는 순간은 현장의 교사들에게 있어 teachable moment를 선사하는 짜릿한 순간이기도 하다.

벽화의 배경인 하늘을 완성한 아이들은 태양광에너지를 이용해서 움직이는 교통수단들을 곳곳에 추가하기로 했다. 사전에 이야기 나눴던 바와 같이 아이들은 버스와 자동차, 로켓과 기차 등의 다양한 주제들을 각자 나름의 상상력을 바탕으로 그리기 시작했다.

윤   나는 태양에너지로 반짝반짝 빛을 내면서 달리는 자동차를 그릴 거예요. 차 지붕 위에는 촛불 모양 전구가 있어서 여기에서 빛이 나는 거야.

태경   선인장이 달린 자동차예요. 식물이 빛을 흡수해서 태양에너지를 더 많이 모으는 거예요. 선생님 태양 전지 말고 식물이 햇빛을 더 많이 모을 수도 있을 것 같아요.

지환   나는 무지개 색깔 기차를 그릴래. 태양광 자동차 말고 태양광 기차도 있었으면 좋겠거든. 자기부상기차는 있는데 태양광 기차는 아직 이 세상에 없는 것 같거든.

지율   태양에너지로 모터가 돌아가는 자동차예요. 색깔은 분홍색이면 좋을 것 같고, 꽃으로 자동차를 장식했어요. 꽃이 있으면 햇빛 에너지를 받고 자랄 수 있을 것 같아요.

소율   태양광 버스에요. 속도가 너무 빨라서 운전사 아저씨가 밖으로 튕겨 나가버린 걸 그렸어요. (웃음) 지구가 점점 더워지고 햇빛도 그만큼 세져서 태양광 버스가 더 잘 작동할 것 같아요.

훈   아니 얘들아. 그냥 평범한 태양 자동차 좀 그리자. (웃음) 저는 태양광 패널로 움직이는 버스에요. 태양광 버스가 있으면 매연이 덜 나와서 환경에도 좋을 것 같아서요. 버스가 지나갈 때 보면 매연이 엄청 많이 나오거든요. 그냥 자동차보다 훨씬 더….

아이들이 그린 교통수단 그림들

아이들은 모여 앉아 서로 각자의 그림에 대한 이야기를 나누며 즐겁게 그림을 그렸다. 이때에는 다소 간편한 표상 도구인 매직을 활용하여 자신들이 표현하고자 하는 바를 더 세밀하고 구체적으로 그려내려 노력했다. 이 순간만큼은 아이들의 생각을 자유롭게 표상하는 것이 중요한 시간이었기에 학령 전 아이들에게 가장 익숙하면서도 주변에서 손쉽게 접할 수 있는 매체를 그리기 도구로 선정했다. 우리는 태양광 자동차와 기차, 로켓, 버스 그리고 태양광 집을 모두 태양에너지와 연계된 요소로 삽입하기로 하면서 벽화 작업의 밑그림을 마무리 지었다.

이윽고 태양광 집들과 태양광에너지를 활용한 교통수단을 토대로 태양광 마을의 모습이 완성되었다. 마지막으로 우리는 태양광 마을에 없어서는 안 될 상징적 요소인 '태양'을 삽입했다. 아이들은 이때 태양을 형상화한 모습을 효과적으로 강조하기 위해 햇빛처럼 반짝이는 재료들을 활용했다.

태양을 표현하는 모습

태양광 마을 벽화는 태양광에너지의 가치를 시각적으로 잘 전달하는 것이 주된 제작 의도였다. 그렇기 때문에 아이들은 어떻게 하면 태양광에너지의 효율성을 더 잘 표현할 수 있을지 고민하다가 '에너지 전달'의 차원에서 태양에너지를 원동력으로 하는 개체들을 모두 태양과 연결해놓기로 했다. 그래서 우리는 태양광 자동차와 기차, 로켓, 버스 그리고 태양광 집을 모두 그림 속 태양과 선으로 연결해주었다.

지율 전선은 전기를 전달하니까 전선으로 태양광에너지로 움직이는 기차가 지나가는 기찻길을 만드는 건 어때요? 태양광 기차는 전기로 움직일 거잖아요. 태양광에너지는 전기를 만드는 거니까!

이동수단과 태양을 시각적으로
연결하는 모습

특히, 지율이는 교통수단과 태양을 연결하는 햇빛을 상징하는 선들을 완성한 뒤에 또 다른 아이디어를 제시하였다. 아이는 전선이 전기 에너지를 전달해주는 역할을 담당하기 때문에 전선을 이용해서 태양광 기차가 이동하는 기찻길을 만들 것을 제안했고, 교사는 주변에서 폐전선을 모아 아이에게 제공해주었다. 이는 아이가 태양광에너지가 생산해낼 수 있는 에너지가 '전력'임을 이해하고 있다는 방증이기도 했다. 이후 지율이는 태양광에너지가 생산해내는 전기 에너지를 상징적으로 나타낼 수 있도록 폐전선을 잘라 철로를 표현하였다.

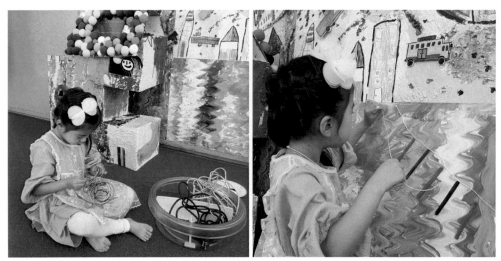

폐전선으로 태양광에너지가 이동하는 선로를 표현하는 아이의 모습

윤 선생님! 전구를 패널 앞에 대니까 창문 안에서 진짜 빛이 나요!

태양광 주택 조형물 속 패널에
전구 빛을 비추는 아이의 모습

아이들이 만든 태양광 전기 주택과 태양광 마을 벽화는 그 자체로 서로 어울려 아주 근사한 구조물이 되었다. 아이들은 백열 램프를 태양광 패널에 갖다 대며 전구 불빛이 켜고 꺼지는 것을 눈으로 확인하며 즐거운 시간을 보냈다. 태양광 패널을 활용한 융합예술활동을 즐기면서 아이들은 태양광에너지의 활용 가능성을 몸소 체감하고 이해할 수 있었다. 태양광에너지를 활용한 조형물 제작 작업은 이렇게 완성되었다.

수력에너지로 힘찬 움직임을 만들어요

프로젝트의 전개 [지속가능에너지를 활용한 융합예술활동]: 수력 마을 벽화와 물레방아 수조 완성하기

아이들에게 있어서, '지식'이란 과학적 탐구의 대상이다. 아이들은 새로운 것을 배우는 데에 꽤 적극적이며 주도적이다. 아이들에게 진정한 지식은 어른들로부터 전수받아야 하는 것이 아니라 스스로 발견하고 발명하며 창조하고 실험하는 것이다. 이렇게 습득한 지식은 더욱 심화된 것으로 확장되고 나아가서는 또 다른 새로운 배움으로 전이된다. 지속가능에너지의 원리를 탐구하고 또 직접 체험해본 아이들은 지식을 실험하는 것에서 나아가 이제는 지속가능에너지를 활용한 융합형 예술활동을 전개하

게 되었다. 이제 '지속가능에너지'라는 주제는 단순한 지식이 아니라 새로운 경험을 시도하게 하는 매개가 된 셈이다.

수력에너지를 활용한 융합예술활동 역시 수력에너지를 이용하는 모습을 그림으로 표상해보는 과정과 수력에너지를 활용한 결과물을 아이들이 직접 조작해보는 과정으로 이뤄졌다. 그러나 수력에너지를 활용하는 융합예술활동을 고안해내는 과정은 다른 에너지원과 달리 여러 애로 사항을 수반하고 있었다. 우선 수력에너지는 물을 사용해야 한다는 점에서 사전에 고민이 많은 활동이었다. 물의 물리적 속성상 예술 작품의 손상을 초래할 수 있다는 점이 가장 큰 문제였고, 이로 인해 교사는 수조를 작품의 일부로 구성하고 있는 조형활동을 고안하게 되었다.

이 과정에서 물을 예술활동의 자원으로써 활용하는 방식에 착안하게 되었고, 수력에너지가 생산해내는 전력을 이용한 융합형 예술활동이 계획되었다. 무엇보다도 '물'은 그 자체로 아이들이 가장 사랑하는 놀이 재료가 되기도 하므로, 아이들은 수력에너지를 이용한 활동을 즐겁게 전개해 나갔다. 우리는 물을 예술활동의 자원으로 활용하기 위해 물감을 물에 희석하여 사용했는데 이를 통해 종이에 닿으면 표면에서 번지고 흡수되며 퍼지는 등의 물의 물리적 속성을 관찰할 수 있었다. 또한, 수력에너지로 생산해낸 전력을 공학과학의 요소로 활용하여 색다른 미술활동을 시도하기도 하였다.

스포이트로 벽화의 배경을 채색하는 모습

먼저, 수력 마을 벽화를 제작하는 작업은 벽화의 배경을 채색하는 것부터 시작되었다. 이때 교사는 '물'과 물리적 특성이 비슷한 매체를 활용하는 것이 수력에너지를 표현하기에 효과적이리라 판단했다. 이를 위해 수력에너지가 낙차에 의해 발생하듯이 물방울 역시 높은 곳에서 떨어져 생기는 흔적과 자국을 이용하여 배경을 채색하는 것이 좋으리라 생각했다. 교사는 아이들에게 붓과 물통 대신에 스포이트와 종이컵을 제공하였다. 물감을 물에 희석한 데다가 위에서 아래로 산발적으로 뿌리는 방식으로 채색을 하였기 때문에 여러 색깔의 물감들은 서로 섞이거나 번지며 독특한 색감과 분위기를 자랑하게 되었다. 이러한 우연에 의한 기법은 수력에너지의 역동성을 상징적으로 표현해주었다.

교사   수력에너지를 생각해보면 어떤 것들을 그리면 좋을까?

훈   물이니까 당연히 물을 그려야죠. 물방울을 그리는 게 어떨까요?

윤   물에 사는 걸 그려줄 수도 있어요! 물고기랑 인어공주를 그려주는 거예요.

지율   물방울이랑 물고기는 수력에너지가 아니고 '물' 하면 떠오르는 것 같아요. 수력에너지로 전기를 만드는 마을을 그려줄 수도 있어요.

벽화의 배경을 완성한 뒤, 아이들은 수력에너지와 관련해서 그리고 싶은 주제들을 도출해내기 시작했다. 아이들은 물이라는 대상의 특성을 벽화의 배경으로 표현하고 싶어 했고, 이를 나타낼 수 있는 매개로 '물방울' 자체와 물에서 사는 생물 즉, '물고기'를 선정했다. 사실 '물방울'과 '물고기'라는 두 가지 요소는 수력에너지를 사실적으로 표현할 수 있는 주제이기보다는 물의 속성을 상징적으로 표상할 수 있는 주제로 더 적합했고 이를 지적한 아이도 있었다. 그러나 수력에너지와 연관해서 떠오르는 이미지를 자유롭게 나타내는 것에는 정답이 있는 것이 아니었기에 아이들에게 저마다 원하는 것들을 그리게 했다.

물고기를 그리는 아이의 모습

물방울을 그리는 아이들의 모습

태경 사람들이 함께 사는 집으로 우리가 사는 아파트를 수력 마을에 그리는 게 어때?

소율 아파트에 얼마나 많은 사람이 사는데… 수력에너지는 태양광에너지나 풍력에너지랑 달라. 작은 마을에 그렇게 많은 물을 저장하는 건 힘들어.

이후 아이들은 본격적으로 수력 마을을 표현하기 위해 수력에너지로 생활하는 모습을 그리기 시작했다. 아이들은 처음에 여러 가구가 공존하는 주거 형태인 '아파트'를 생각했지만, 보다 제한된 가구가 입주해 있는 공공 주택이 수력마을에 더 적합하다고 판단했다. 이는 지나치게 많은 사람이 함께 살아가기 위해서는 그만큼 충분한 양의 수력에너지가 생산되어야 하는데, 수력에너지 특성상 다량의 물과 낙차가 있어야 하는 것은 구조상 효율성이 떨어진다고 추론했기 때문이다. 그림 속 수력 마을에 위치한 공공 주택은 수력에너지를 상징적으로 표현할 수 있는

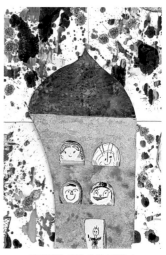
아이들이 그린 수력 마을 속
공공형 주택의 모습

모습으로 설계되었는데, 아이들은 이를 위해 주택을 그릴 때 다양한 요소를 고려했다.

먼저, 지붕은 물방울을 형상화한 형태로 그렸고, 물을 나타내는 파란색으로 채색했다. 또한, 주택의 외관은 '에너지'를 상징하는 노란색으로 칠하는 등 지속가능에너지를 효과적으로 표현하도록 제작하였다. 이후 아이들은 수력 마을 속 공공 주택에서 살아가는 다양한 사람들을 그리는 것으로 벽화를 완성했다. 아이들이 그린 수력마을 벽화는 물을 상징하는 여러 색깔의 물감 자국과 다양한 패턴의 물방울, 그리고 이와 더불어서 물속에서 살아가는 생명체들을 통해 수자원의 역동성을 표현했다. 또한 수력에너지를 이용해서 함께 살아가는 공공형 주택이라는 공동체를 벽화의 중심에 그림으로써 지속가능에너지를 상징하는 또 다른 벽화를 완성해냈다.

수력 마을 벽화를 완성한 뒤, 이제는 수조를 이용해서 수력에너지를 활용하는 입체적인 조형물을 제작하기로 했다. 물레방아의 낙차에 의해 형성되는 전류에너지로 생활하는 마을을 구조적으로 현실화시키기 위해 교사가 고안한 방법이었다. 아이들은 교사의 요구에 따라 수력 마을을 형성하고 있는 여러 집부터 그렸다. 이때 한 아이는 수력에너지가 낙차에 의해 생성되므로, 수력 발전소는 댐이나 산 아래에 위치하는 것이 일반적이라는 사실을 기억해내고, 자신이 그린 집 옆에 나무를 같이 그려주었다. 아이들이 그린 수력 마을 집들은 실제 물레방아를 돌릴 수 있도록 미리 고안된 수조에 부착해야 했기 때문에 물이 튀어도 번지거나 형태가 무너지지 않게 유화물감으로 채색했다.

수조에 부착할 집을 그리는 모습

소율 선생님! 여기 물레방아 뒤에 붙어있는 톱니바퀴는 뭐에요?

교사 그건 기어야. 수력 발전 기계에 있는 장치인데 모터의 회전을 조금 더 효율적으로 만들어주는 장치야. 사실 이 물레방아는 진짜 수력 발전 기계라 에너지를 만들 거거든. 이번에는 우리가 수력에너지를 이용해서 그림을 그려 볼 거야.

교사가 제작해 놓은 물레방아 수조는 아이들에게 색다른 융합예술활동을 제공할 수 있도록 하는 특별한 장치를 포함하고 있었다. 그것은 바로 물레방아에 발전용 모터를 연결해서 아이들이 물레방아를 돌리면 에너지가 발생하고, 이 에너지가 아이들의 예술활동에 필요한 전류를 생성하도록 한 것이었다. 이는 공학을 전공한 전문가가 이번 아이들의 프로젝트에서 함께 교사로 참여해주었기에 가능했는데 프로젝트의 전체 과정을 돌이켜보면, 당시 현장에서 아이들에게 가장 인기 있었던 활동이 아니었을까

물레방아를 돌리는 모습

싶다. 아이들은 물레방아를 돌리기 위해 계속해서 물을 떠 와 낙차를 만들어야 했고, 이 과정은 그 자체로 아이들에게 색다른 물놀이 활동이 되었기 때문이다. 이때 우리는 물레방아를 돌리는 물의 힘을 보다 가시적으로 확인하기 위해 물감을 녹여서 물에 색깔을 입혀 사용했다.

수력에너지의 작동원리를 살펴보면, 다음과 같다. 아이들이 수조 내부의 좌측에 비치된 물레방아를 돌리면, 수력 발전용 모터에서 발생한 전류 에너지가 수조 우측에 위치한 원심 모터를 회전시키게 된다. 아이들은 발전 모터를 구동시킬 수 있을 만큼의 전력을 생산하기 위해서 한 번에 많은 양의 물을 이용해 물레방아를 보다 활발하게 돌려야 했다.

물레방아 및 수력 발전 모터와 연결된 원심 모터의 상단부에는 종이를 고정할 수 있는 원판이 부착된 상태다. 수력에너지로 인해 발생한 전류가 모터를 돌리기 시작하면, 아이들이 원판에 고정된 종이에 스포이트로 물감을

원심력에 의한 무늬를 만드는 모습

한 방울씩 떨어뜨린다. 이때 종이에 떨어진 물감 자국은 원판과 모터가 만들어내는 원심력에 의해 독특한 무늬를 그리게 되고 아이들은 이 과정을 통해 크로마토그래피 형식의 예술활동을 즐길 수 있다. 꽤 오랜 시간 동안 아이들의 예술활동은 끝이 나지 않았다. 아이들은 수조에 물이 반 이상 가득 찰 때까지 이 색다른 미술 놀이를 멈추지 않았다. 활동을 즐기면서 물의 양이 많을수록, 그리고 많은 낙차를 발생시키면서 떨어뜨릴수록 전류의 힘이 세지고 원심 모터가 돌아가는 속도가 빨라진다는 것을 알게 되었고 이를 위해 아이들이 힘을 합쳐 한 번에 많은 물을 운반하기 위해 노력했다. 이 과정은 아이들의 협동심을 제고시키고 여럿이 함께하는 놀이의 재미를 깨닫게 해줌과 동시에 수력에너지의 생성 원리를 몸소 체험하고, 효과적으로 이해할 수 있는 계기가 되었다.

수력 발전 해적선을 만드는 모습

며칠 뒤, 훈이와 윤이는 물레방아 수조를 다시 찾았다. 교사는 아이들에게 물레방아 수조를 토대로 사람들이 수력에너지를 직접 체험해볼 수 있는 방안에 대해 질문했다. 논의 끝에 아이들은 배를 만들고 그곳에 수력 발전 모터와 연결된 전구를 부착하기로 했다. 훈이의 강력한 요구에 의해 우리가 만들 배는 '해적선'으로 결정되었다. 배의 겉면은 스펀지를 이용하여 아크릴 물감을 찍어내는 형식으로 채색되었고, 배를 타고 있는 해적의 손에 전구를 붙였다. 해적의 얼굴은 훈이가 담당해서 만들었다. 마지막으로, 배에 달린 깃발에 해적선을 상징하는 해골 형상까지 그려주었다.

훈   주사기나 물총을 이용하면 물이 더 빠르고 세게 나가. 물레방아 모터를 조준하기에도 편해.

우리는 물레방아 수조를 통해 수력에너지를 체험해보는 것에 있어서, 조형물을 감상하는 모든 사람이 함께 하길 원했다. 아이들은 수조에 부착된 물레방아가 제법 큰 크기를 자랑했기에 이를 돌리기 위해서 많은 양의 물이 필요하다는 것에 주목했다. 이는 곧, 다수의 사람이 체험해보기에는 실질적인 어려움이 수반될 수 있다는 것을 의미했기 때문이다. 그래서 우리는 시중에서 구매할 수 있는 소형 교육용 물레방아와 창작용 발전 모터를 전구에 연결해 적은 양의 물로도 전구를 켜 볼 수 있도록 하였다. 아이들은 이때 물레방아에 물을 발사하는 방식으로 물뿌리개와 주사기, 분무기와 물총 등의 물건을 비교해보았다. 수력에너지를 이용한 융합예술활동은 이렇게 막을 내렸다.

물총으로 수력 모터를 돌리는 아이의 모습

03 풍력에너지로 하늘 속 풍경을 물들여요

프로젝트의 전개 [지속가능에너지를 활용한 융합예술활동]: 하늘 그림 바닥화와 풍력 발전 글라이더 비행기 완성하기

어릴 적, 우리는 누구나 바닥에 마음껏 낙서하는 것을 꿈꿨던 적이 있을 것이다. 낙서는 비교적 간단한 재료와 짧은 시간만을 요구한다는 점에서 굉장히 효율적인 놀이라고 할 수 있다. 낙서가 교육적인 주제와 결합하는 순간, 낙서 놀이는 그 자체만으로 놀이로서의 쾌감과 표상활동으로서의 몰입감을 동시에 맛보게 해준다. 그중에서도 벽이나 바닥과 같이 상대적으로 광범위한 공간에서 즐기는 낙서는 묘한 재미를 선사한다. 교사는 낙서가 갖는 놀이에의 시간적 혹은 물리적 몰입에 집중했다. 주변에서 흔히 볼 수 있는 도구를 이용해서 무언가를 자유롭고 폭발적으로 표현해내는 그 순간을 중시한 것이다. 결과는 대만족이었다. 아이들이 너나 할 것 없이 앞장서서 그 어떤 것에도 구애받지 않고, 솔직하고 즐거운 표상을 시도했기 때문이다.

풍력에너지를 활용한 융합예술활동 역시 풍력 발전으로 구동되는 것들을 그림으로 표현해보는 것과 풍력에너지를 생성할 수 있는 조형물을 제작해보는 과정이 함께 진행되었다. 하늘은 아이들이 가장 많이 그리는 예술 주제이자 가장 자유롭게 상상하는 예술 주제다. 누구나 어릴 적 한 번쯤은 하늘을 나는 자신의 모습이나 상상 속 다양한 요소들을 그려봤을 것이다. 교사는 이런 자유로움을 이번 융합예술교육에 반영하고 싶었다. 바닥화 작업을 통해 아이들은 엎드리거나 앉거나 눕는 등 저마다 편한 자세로 자유롭게 낙서하듯이 그림을 그리기 시작했고, 크레파스나 파스넷같이 익숙한 도구를 갖고 그리고 싶은 대상을 떠올려보았다.

교사 풍력에너지는 바람으로부터 만들어지지. 이번에는 바람 부는 하늘을 그려볼까? 자유롭게 낙서하듯이 하늘에 있는 건 무엇이든 그려도 좋아. 대신에 풍력에너지를 활용한 것들은 꼭 그려봐야겠지?

훈 그렇다면 나는 당연히 하늘에서 제일 빠른 풍력에너지 전투기.

소율 로켓이 전투기보다 더 빠르거든.

훈 로켓은 우주로 가는 거잖아. 우주에는 바람이 없는데 어떻게 풍력 발전기를 쓰겠니?

소율 로켓이 하늘을 뚫고 우주로 가지! 바로 우주로 순간이동하겠니? 하늘에 있는 동안 풍력 발전기로 에너지를 비축해두는 거지. 미래에는 이게 가능할지도 몰라.

초등학생들은 하늘 그림에서 풍력에너지를 활용하는 요소들을 그릴 때 평소 자신이 좋아하는 이동 수단을 생각해 냈는데, 이때 아이들이 중시한 요소는 물체의 빠르기, 즉 속력이었다. 그러나 아이들은 단순히 날 수 있는 물체를 하늘 그림의 요소로 판단하지 않고, 실제로 볼 수 있는 대상인지 아닌지를 고려했다. 이 때문에 대기권을 지나쳐 우주로 발사되는 로켓이 하늘 그림의 요소로 고려될 수 있는지와 관련해 논쟁하기도 했다. 반면에 유아들이 그리는 낙서의 경우, 매우 독창적이거나 상상력을 바탕

하늘에 있는 요소를 그리는 아이들의 모습

으로 한 주제들이 많이 반영되어 있었다. 예컨대, 요정이나 천사와 같이 환상 속 주제를 표현한다거나 '토끼가 타고 다니는 헬리콥터', '풍력 발전을 이용하여 하늘을 떠다니는 날개 달린 하늘 집', '풍력발전 모터로 움직이는 날개를 이용해서 하늘을 나는 요정'과 같이 개인의 상상력을 표현한 독특한 낙서 그림이 많았다.

교사 이제 배경을 칠해보자. 어떤 색으로 칠할까?

소율 하늘이니까 파란색이죠. 깨끗한 푸른 하늘!

지율 하늘에는 생각보다 많은 색이 있어요. 노을도 지고 무지개도 뜨고 비도 오고 번개도 치고. 검은색, 노란색, 빨주노초파남보 모두 다 하늘이 될 수 있어요!

역동적으로 바탕을 채색하는 모습

교사는 커다란 바닥화를 채색하기에 편리한 도구로써 붓과 롤러를 제공했다. 가장 먼저 그림의 중앙으로 들어간 것은 소수의 아이였다. 가장 부분과 달리, 중앙 부분은 도화지의 내부로 뛰어들어야 했기 때문에 발에 물감을 가득 묻힐 용기가 필요했다. 그러나 시간이 지날수록 흥이 났는지, 아이들의 몸놀림은 더 역동적이고 적극적으로 변하였다. 아이들은 이내 교실 곳곳을 누비기 시작했고 꼬마 아티스트들의 화려한 거리 속 그라피티 아트가 시작된 듯했다.

아이들이 그린 하늘 그림에는 바람이 만드는 지속가능에너지로 생활해 나가는 상공 위의 다양한 집들과 로켓이나 비행기와 같이 하늘에서 운행되는 여러 이동 수단들이 묘사되어 있었다. 또한 하늘 위에서 움직임을 보이는 주체들을 등장시켰는데, 주로 나비나 새와 같이 '날개'를 지닌 생명체들이 그림에 생동감을 불어넣고 있었다. 그림을 건조한 뒤 아이들은 바닥화에 누워 하늘을 떠다니는 것과 같은 기분을 느껴보기도 했다. 이때 아이들은 자신이 하늘을 날 수 있는 사람이 된 것 같다며 좋아했다.

하늘 바닥화에 누운 모습

교사　이번에는 풍력에너지를 우리가 직접 만들어봐야겠지? 풍력발전을 이용한 수단은 바람을 만들어야 하기 때문에 프로펠러가 꼭 필요할 거야. 하늘을 나는 수단 중에 프로펠러가 있는 게 뭘까?

훈　글라이더 비행기에요 선생님. 비행기 앞에 프로펠러가 달려있어요.

하늘 바닥화를 그린 뒤 우리는 풍력 발전 모터를 활용하기에 적합한 대상으로 글라이더 비행기를 만들기로 했다. 비행기의 몸통은 교사와 함께 제작했고, 이 중 프로펠러 부분은 종이컵과 고정핀을 이용해 만들었다. 프로펠러를 만들기 위해 바람개비와 같이 실제 돌아갈 수 있는 대상을 찾은 결과였다. 교사는 아이들이 더 다양한 도구와 방법을 경험해볼 수 있도록 염색용 물감과 스펀지를 제공했다. 글라이더 비행기의 몸체를 채색한 뒤에 아이들은 비행기의 프로펠러를 만들었다. 비행기의 몸체 크기가 꽤 컸기 때문에, 또한 프로펠러의 생김새를 고려하여 아이들은 버려지는 폐선풍기의 실제 날개를 글라이더 비행기의 프로펠러로 재활용했으면 좋겠다고 제안했다. 교사는 아이들의 의견에 따라 선풍기의 날개를 구해주었고 아이들은 이를 예쁘게 채색하여 처음 종이컵과 고정핀으로 만들었던 프로펠러 몸통 앞부분에 부착시켰다.

글라이더 비행기 조형물을 만드는 모습

교사 이제 비행기에 연결된 풍력발전 모터에 전구를 달아줄 거야. 전구의 불을 밝히려면 우리가 프로펠러에 어떤 방법으로 바람을 전달해주는 것이 좋을까?

소율 선풍기를 앞에 설치해요.

태경 비행기 옆에서 부채질하거나 입으로 불어서 프로펠러를 돌려요.

비행기 조형물을 완성한 이후 우리는 창작용 풍력발전 모터와 소형 프로펠러에 전구를 연결하여 비행기 몸통 상단에 부착하였다. 그리고 풍력에너지를 생성할 수 있도록 풍력발전 모터를 작동시킬 바람을 만들 방법을 의논하기 시작했다. 처음에는 선풍기를 글라이더 비행기 앞에 설치했으나, 풍력발전용 모터에 부착된 프로펠러가 너무나 작았기 때문에 모터를 집중적으로 돌리기에는 선풍기의 바람이 다소 분산되거나 약했다. 그래서 아이들은 선풍기보다 바람의 세기가 강한 써큘레이터를 사용했지만, 이 또한 모터가 돌아갈 정도로 빠르게 프로펠러를 회전시키기에는 역부족이었다. 이후 우리는 입으로 직접 프로펠러에 바람을 부는 방법을 선택했으나, 이는 다음의 쟁점을 안겨주었다. 즉, 일전에 풍력발전의 원리를 이해하기 위해 아이들이 작동 시켜 본 프로펠러 모터에는 초소형 LED전구가 연결되어 있었기에 보다 적은 힘으로도 풍력에너지를 가용하기에 충분했던 것이다. 그러나 아이들이 글라이더 비행기의 조형물에 부착시킨 큰 백열전구는 입이나 부채의 바람만으로는 안정적인 불빛을 내지 못했다.

풍력 발전 비행기의 전구를 밝히는 모습

수많은 시행착오 끝에 우리가 도출한 결론은 바람의 세기가 풍력 발전 모터를 활성화할 수 있을 만큼 강력해야 한다는 것과 바람의 방향이 다른 곳으로 분산되지 않고 프로펠러만을 집중적으로 조준할 수 있어야 한다는 것이었다. 더불어서 가장 중요한 것은, 바람이 지속적으로 불어서 전류가 흐를 동안 계속해서 프로펠러를 돌릴 수 있어야 한다는 것이었다. 결국 풍력 발전 모터를 돌리는 에너지원으로 헤어드라이어를 선택했다. 아이들이 글라이더 비행기에 부착된 풍력발전 모터에 드라이기로 바람을 만들어주자, 이내 곧 전구에서 환한 빛이 밝혀지기 시작했다. 지속가능에너지를 이용해서 만들어 본 세 번째 조형물이 완성되는 순간이었다.

지속가능에너지로 나만의 지구를 표현해요

프로젝트의 전개 [지속가능에너지 주제 표현 그림 제작]: 지속가능에너지를 활용한 캔버스화 완성하기

교사는 캔버스에 아이들이 자유롭게 미래 도시를 그리되, 깨끗하고 건강한 지구의 모습을 표현하기를 유도했다. 그리고 태양광 패널이나 풍력발전 모터를 활용해서 미래의 기술로 새롭게 탄생한 상상 속 교통수단들을 그려보기를 권했다. 그러나 아이들은 지금 우리가 살아가는 이 현실에서 만날 수 있는 일상의 요소들을 지속가능에너지를 활용해서 표현해보기를 원했다. 바다나 하늘, 산과 특정 도시 등 보다 다양한 공간에서의 삶을 통합적으로 그려내길 바랐다. 아이들은 자신이 표현하고 싶은 것

들을 우리가 살아가는 세상의 다각화된 관점에서 나타내고자 하였다.

> **교사** 지금까지는 우리 모두가 힘을 합쳐 대형 작품을 만들어왔지만 이제부터는 나만의 작품을 그려볼 거야. 주제는 '지속가능에너지'로 인해 깨끗해진 세상을 너희들이 자유롭게 그려보는 거야.

지금까지 아이들은 지속가능에너지를 활용한 예술활동에 참여하는 데 있어서 크고 작은 협동 작업을 실행해 왔다. 그러나 교사는 지속가능에너지와 관련된 자유로운 생각과 주제를 표현할 수 있도록 각각의 아이들마다 자신만의 작품을 제작할 기회 역시 주어져야

한다고 판단했다.

아이들이 개인 작품을 제작할 때 지속가능에너지와 연관해서 고려해야 할 사항은 앞서 이뤄진 친구들과 함께한 융합예술활동에서 준수한 두 가지 원칙이었다. 첫째, 지속가능에너지를 작품의 제작 과정에서 활용해야 한다는 것과 둘째, 지속가능에너지가 작품에서 표현하고자 하는 이야기의 주제로 작용해야 한다는 것이었다. 이와 관련해서 전자는 풍력 발전 모터나 태양광 패널 등의 소형 공학 재료와 전구를 작품의 일부로 사용하는 것으로 현실화되었고, 후자는 아이들이 지속가능에너지를 주제로 꿈꾸는 세상을 자유롭게 스케치하는 작업으로 현실화되었다.

UV 램프로 태양광 자동차를 구동시키는 아이의 모습

캔버스 작품의 제작 과정을 살펴보면 먼저, 아이들은 산과 바다, 하늘 등의 지구 환경별로 태양광, 수력, 풍력 등 지속가능에너지의 여러 요소를 효율적으로 그려내기 위해 캔버스를 몇 개의 구역으로 나누어 스케치하기로 했다. 이때 교사는 더 흥미롭게 구역을 나눌 수 있는 수단으로 '태양광 자동차'를 제시해주었다. 이 자동차는 태양광 패널과 교육용 DC모터와 전자기판이나 저항과 같은 공학용 재료로 제작한 자동차였고, 하단부에 붓을 달아 드로잉 로봇과 같은 역할을 수행하도록 고안된 것이었다. 아이들이 자동차의 상단에 비치된 태양광 패널에 UV 램프로 빛을 제시해주면 태양광패널에 에너지가 모이고 자동차는 모여든 에너지를 전지로 하여 움직이게 된다. 이때 자동차에 부착된 붓이 자동차의 움직임에 따라 물감 자국을 내는 방식이다. 교사가 준비한 이번 작업은 작품의 제작과정에서 지속가능에너지를 표현의 재료 혹은 방식으로 활용해본다는 첫 번째 원칙에 충실한 활동이기도 했으며, 아이들이 이전에는 경험해보지 못한 새로운 방식의 융합예술활동을 체험해 본 사례이기도 했다.

지율 선생님! 자동차 불빛을 따라와요!

훈 이거 지금 우리가 조종하고 있는 건가? 얘(태양광 자동차)가 빛을 따라오고 있는 거예요?

그럼 우리가 빛을 마음대로 움직이면 자동차가 따라오나요?

교사   태양광 자동차의 원리는 빛을 통해서 전기가 생겼고, 그 전기로 모터가 움직인 거야. 우리가 빛을 주면 자동차는 그 방향으로 일직선으로만 움직일 수 있어. 그렇지만 그게 조종을 하는 건 아니야. 태양광 자동차에서 빛은 전기를 만드는 역할만 하니까. 만약에 자동차가 빛을 감지해서 따라오게 하는 빛 감지 센서를 달아주면 빛의 방향에 따라 움직이는 자동차를 만들어서 우리가 조종할 수는 있겠지?

태양광 자동차의 모터가 구동되기 위해서는 모터와 연결된 패널 전지에 불빛을 제공해야 하는데, 실내에서 진행된 작업이기에 우리는 UV 램프를 활용했다. 우리가 사용한 모터는 별도의 회전 센서가 연결되어 있지 않았기 때문에, 자동차는 직선 형태로만 움직일 수 있었는데, 이는 오히려 캔버스의 구획을 나누기 위한 본래의 역할을 충실히 수행하는 데 도움이 되었다.

처음에 아이들은 UV 램프를 이용하여 태양광 자동차를 움직이게 하는 것을 자신들이 자동차를 조종하는 것으로 착각하기도 했다. 그러나 교사와의 상호작용을 통해 태양광 패널이 만들어낸 태양광에너지로 인해 자동차의 모터가 작동하는 것이고 자동차의 방향을 바꾸게 할 수는 없다는 사실을 인지하게 되었다. 이 과정에서 아이들은 자동차의 움직임에 따른 자연스러운 물감 자국을 선호하는 편과 자신이 원하는 방식으로 구역을 나누기 위해 자동차의 움직임을 통제하는 편으로 나뉘게 되었다. 몇몇 아이들은 태양광 자동차가 움직임에 따라 그려내는 그림이 제법 마음에 들었는지, 붓에 물감을 묻힌 뒤에 자동차가 움직이면서 생겨나는 자연스러운 물감 자국을 지켜보았다.

자동차가 움직이는 대로 생기는 물감 자국을 지켜보는 모습

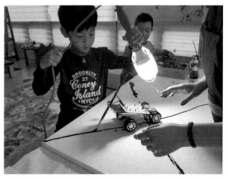

미리 직선 형태의 물감을 짜 놓고
자동차를 원하는 방향으로 모는 모습

또 다른 아이들은 태양광 자동차의 모터를 구동시킬 수는 있지만, 자신의 마음대로 조종하지는 못하는 한계를 극복하기 위해 미리 자신이 나누고 싶은 구역의 형태를 구상해보고, 원하는 대로 물감을 짜 놓기도 했다. 그리고 그 방향으로 태양광 자동차가 움직이도록 자동차를 출발 선상에 올려놓고 나서 빛을 제공해 모터를 작동시켰다. 태양광 자동차의 하단부에 달린 붓이 아이들이 짜 놓은 물감을 토대로 선을 만들며 움직였다.

자동차 기계의 원리를 설명하는 모습

빛을 댈 때마다 움직이는 자동차를 보면서, 아이들은 자동차가 빛을 따라온다고 생각하는 경향을 보이기도 했다. 그러나 태양광 자동차의 원리는 빛을 인식해서 따라오는 것이 아니라, 아이들이 빛을 제공하면 모터가 구동되는 원리였기 때문에 전자와 후자의 차이를 인식하도록 하는 것이 필요했다. 이 경우에는, 모터와 센서 간의 역할 차이를 선행지식으로 갖고 있어야 했는데, 아이들은 이전에도 공학과 관련된 융합교육을 많이 경험해왔고 모터와 기어, 컨트롤러와 저항 그리고, 센서 등에 대해 기본적인 이해 도식을 인지하고 있었기에 가능했다.

예컨대, 모터는 전기에너지를 기계에너지로 바꾸는 물건으로 전력을 받아서 회전하고 그 축에 회전력을 발생시키는 동력 기계다. 기어는 두 개 또는 그 이상의 축 사이에 회전이나 동력을 전달하는 장치다. 또한 마이크로 컨트롤러(MCU)는 특정 시스템을 제어하기 위한 전용 프로세서로 보통 아이들을 위한 공학 교육 내에서는 모터가 작동하는지의 여부를 조종하는 역할로 많이 쓰인다. 자동차는 2개의 축 양단에 달린 4개의 바퀴가 한꺼번에 움직이며 달리는데, 이때 한쪽의 바퀴는 작동하지 않고 다른 쪽의 바퀴만 작동할 때에 회전하게 되는 것이다. 이 때문에 아이들이 만든 자동차가 회전하기 위해서는 컨트롤러를 통해 모터를 제어하는 과정을 이해하는 것이 선행되어야 한다. 센서는 열, 빛, 온도, 압력, 소리 등의 물리적인 양이나 그 변화를 감지하여 알려주는 부품이나 기구이며 저항은 물체에 전류가 흐를 때 이 전류의 흐름을 방해하는 요소로 센서 혹은 저항은 기계가 더 세부적인 기준을 갖고 움직이도록 하는 전제 요소가 된다. 그동안 아이들은 모터와 센서, 전류와 전

물리 및 공학 과학과 관련된 다양한 예술 경험의 모습

선 등과 관련된 공학과학의 기본적인 개념 외에도 도르레와 기어, 컨베이어와 압력과 자력 등의 복합기계원리를 포함한 물리과학적 원리를 미술활동과 접목시켜 놀이처럼 여러 차례 탐구해왔다. 그렇기에 아이들이 형성하고 있는 공학 및 물리과학의 기본적인 도식형 지식 은 지속가능에너지의 전력 생성 원리를 이해하는 데에 기저가 되어주었다.

앞서 태양광 자동차로 캔버스의 밑바탕에 구역을 나눈 뒤, 지속가능에너지를 생산해내 는 지구 환경과 지속가능에너지를 활용하는 요소들을 스케치할 차례가 되었다. 첫 번째 구역에 그린 것은 태양광에너지를 활용하는 것들이었다. 태양광에너지를 이용하는 대상을 그리기 위해 먼저 작품에 태양을 삽입하기로 했다. 이때 아이들은 지난날 수력 발전을 활용해서 만든 무늬를 태양으로 재창조하기로 했다. 이는 프로젝트 시작 당시에 만들었던 재생 종이를 활용한 그림이기도 했다.

재생 종이에 수력발전기로 무늬를 새긴 모습

원심력을 활용해서 만든 기하학적인 패턴의 그림은 태양의 모습을 상징화하기에 안성맞춤이었다. 아이들은 반짝이는 태양 빛을 표현할 수 있는 글리터 가루를 이용해서 태양을 꾸몄다. 활용한 가루의 색깔이나 질감은 아이들이 직접 골라 태양을 나타낼 방안을 고안했는데, 지환이는 글리터 가루 외에도 노란색 솜 재질의 가루를 첨가해 태양의 따뜻함을 나타내고자 하기도 했다.

햇빛을 상징하는 재료를 추가하는 모습

이렇게 완성한 태양은 그림이 완성된 후 캔버스에 삽입되어 지속가능에너지를 활용하는 지구 환경 요소 중 하나인 태양을 상징하게 되었다. 자신이 직접 생산해 낸 재료(재생종이)와 직접 고안해낸 매체(수력발전모터를 이용한 크로마토그래피 방식)를 활용한 결과물을 작품으로 남긴다는 것은 그 자체로도 의미 있는 과정이었다. 아이들은 지난 날 크로마토그래피를 하고 남은 재생종이를 원하는 모양대로 잘라 붙이면서 햇빛, 즉 태양광을 표현하기도 했다.

완성한 태양을 캔버스에 붙이는 모습

교사 이제 태양을 만들었으니 태양에너지를 활용하는 것들을 그려야겠지? 태양광 패널과 전구를 나눠줄게. 너희는 태양광 패널을 이용해서 무엇을 그리고 싶니?

윤 잠깐! 불이 나오나? 창문으로 가서 태양을 비춰볼까? 그래야 불이 들어오지. 선생님! 나중에 작품이 완성되면 그림에서 빛이 날 수 있게 작품을 창문 쪽에 걸어 둬야겠어요. 햇빛이 계속 필요하니까!

패널의 작동을 확인하는 모습

이후에는 본격적으로 태양광 패널을 이용해서 태양광에너지를 주제로 하는 그림을 그릴 차례가 되었다. 이는 작품 제작과정의 방법론적인 측면에서 지속가능에너지를 활용하는 것과 지속가능에너지가 작품의 주제로서 작용하는 것을 동시에 가능케 했다. 소형 태양광 패널에 전구를 연결해서 불이 켜지는 것을 확인한 아이들은 각자 자신의 패널과 전구를 활용해서 표현할 대상을 선정했다. 이내 곧 아이들의 손이 바쁘게 움직이기 시작했는데, 교사는 아이들이 자유롭게 자신이 표현하고 싶은 것을 그릴 수 있도록 지켜보았다.

지환 선생님! 이건 태양광 패널을 이용해서 달리는 화물 트럭이에요. 왜냐하면 화물 트럭은 짐을 많이 싣고 달려야 하니까 에너지가 더 많이 필요하니까 태양광을 달아두면 좋아요.

소율 차라리 나처럼 사이렌이 달린 자동차를 그리지. 그럼 사이렌 부분에 진짜 태양광 패널로 빛이 나는 전구를 달면 실제로 불빛이 나는 자동차를 나타낼 수 있잖아.

아이들은 그림을 그릴 때 태양광 패널과 전구를 어떤 위치에 어떻게 붙일지를 대보면서 그리기도 했고, 그림 속 대상에서 실제로 태양광 패널과 전구가 어떤 역할을 수행하는지를 고려하면서 그림 주제를 선정하기도 했다. 지환이는 태양광 패널이 화물 트럭의 모터를 구동시킬 전력을 생성하는 모습을 그리고 싶어하여 바퀴 위 화물칸 부분에 패널을 부착하였다. 소율이의 그림 속에서는 태양광 패널이 자동차의 사이렌을 밝히는 원동력이 되었다. 아이들은 태양광 패널과 전구를 이용해서 에너지 하우스인 태양광 집과 태양광 자동차, 태양광 로봇 등의 다양한 대상을 그려냈다.

태양광 패널과 전구를 어디에 어떻게 부착할지 고려하는 모습

그 뒤, 수력발전 모터와 관련된 그림을 그려야 했지만, 미술 작품 특성상 물을 원동력으로 하는 수력발전 모터를 부착하는 것은 작품을 손상시킬 위험이 있기에 수력 발전과 관련된 공학 부품의 활용은 생략하였다. 이후에는 풍력 발전 모터와 전구를 활용한 그림을 그려냈는데, 이때 아이들은 풍력 발전기의 프로펠러를 채색하고 발전 모터에 전구를 직접 연결해냈다.

풍력 모터와 전구를 연결하는 모습

아이들은 태양열 패널이나 풍력발전 모터와 같은 공학 부품을 활용해서 그림을 그릴 때 단순히 무엇을 연계해 그릴지에 대한 고민만을 하는 것이 아니라, 나아가서 태양광 패널의 뒷면이나 풍력 발전 모터 코일의 생김새 등을 관찰해보면서 지속가능에너지의 원리에 대해 탐구했던 지난 과정을 사고하는 모습을 보이기도 했다. 풍력에너지의

활용과 관련해서는 로켓이나 비행기, 전투기, 열기구 등과 같은 항공 수단을 연계해내는 경향을 보였다. 이는 아이들이 풍력에너지가 안정적으로 전력을 생산하기 위해서는 바람이 많이 부는 고지대나 혹은 상공이 적합하다고 판단했기 때문이다. 그래서 대부분의 아이들은 풍력에너지를 이용한 주제를 그릴 때 주변을 하늘로 그려내는 경향을 보였다.

지환 나는 풍력에너지 로켓을 그리고 싶은데… 가능할까? 프로펠러 비행기는 봤지만….

교사 지환아, 이건 그림 속 너만의 지구잖아. 그리고 싶은 걸 그리면 되지. 하지만 미래에는 진짜 풍력에너지 로켓이 생길지도 몰라. 다른 추진 장치들보다 훨씬 강력하면서도 깨끗한 장치가 나올 수도 있잖아.

지환 선생님, 그런데 우주에도 바람이 있을까요? 풍력 발전 모터가 돌아가려면 바람이 있어야 하는데. 지구가 대기 밖으로 나가면 바람이 없잖아요. 아, 이렇게 하면 되겠다. 좋은 생각이 났어요. 프로펠러가 바람에 돌아가는 원리가 아니라, 우주에서 직접 바람을 만드는 일을 하는 거예요!

교사는 이때 지환이에게서 꽤 전문적인 꼬마 발명가의 모습을 발견했다. 이전에는 사실 아이들이 단순히 동력이 필요한 임의의 대상에 전기를 생산하는 에너지원으로 지속가능에너지를 결합해서 그리는 데에 국한될 것이라고 예상했었다. 그러나 아이들은 그동안 탐구했던 지속가능에너지의 생성 원리를 고려하고 자신이 그림을 그리는 대상이 현실적으로 지속가능에너지를 활용하는 것이 가능할지를 판단하면서 진지하게 작업에 몰두하고 있었다. 그래서 지환이는 바람이 불지 않는 우주에서 풍력 발전 모터를 가동하기 위해서는 바람을 직접 만드는 프로펠러가 동시다발적으로 함께 필요함을 지적했다.

작품을 제작할 때 아이들은 각자 자신의 작품 주제와 관련해서 부수적으로 추가하여 활용하고 싶은 재료를 말하곤 했는데, 예를 들어 해저 도시를 그린 경우에는 조개껍데기를 이용해서 해저 도시의 수중 도로를 표현하기를 원했다. 또한 우주를 그리고 싶은 아이는 반짝이는 재료를 이용해서 별과 태양계 행성을 나타내고 싶어 했다.

작품 곳곳에는 아이들 저마다의 개성이 돋보였다. 날개를 달고 하늘을 날고 있는 사람의 모습을 그린 아이, 지구 전체를 횡단할 수 있는 기차를 그린 아이, 고양이 인어가 사는 해저도시 속 자동차를 그린 아이, 번개를 갖고 새로운 지속가능에너지를 만들어내는 사람들의 모습을 그린 아이, 깨끗한 지구를 만들기 위해 나무를 심고 있는 사람을 그린 아이, 곤충과 동식물을 포함한 생태계가 어우러진 세상을 그린 아이 등 아이들의 작품은 지속가능에너지라는 같은 주제를 그렸어도 서로 다른 다양한 양상의 모습을 보였다.

조개껍데기, 글리터 가루 등의 재료를 활용하는 모습

아이들이 완성한 그림은 지속가능에너지를 활용해서 작품의 제작과정에 특별함을 불어넣었으며, 지속가능에너지를 작품의 주제 의식으로 반영하여 사회적 의의를 포괄하도록 한 가치 있는 작품이었다. 지속가능에너지를 통해 꿈꿔온 나만의 미래, 나만의 지구를 그림으로 구체화한 작업은 이렇게 마무리되었다. 작품에 부착된 풍력발전 모터와 태양광 패널에서는 햇빛이 작품을 비출 때마다 그리고 아이들이 프로펠러를 돌릴 때마다 전구에서 밝은 불빛이 새어 나왔다. 지속가능에너지를 형상화한 작품은 건전지를 끼우지 않아도, 그리고 스위치로 전원을 켜지 않아도 언제 어디서든 빛을 낼 수 있는 지속가능한 에너지 그 자체였다.

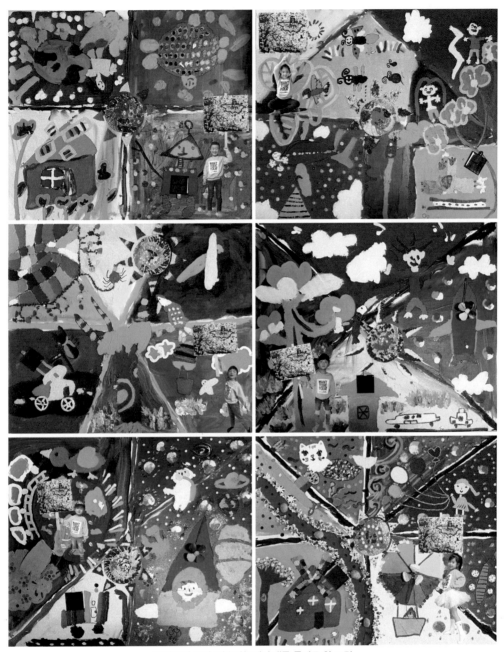

아이들이 그린 '지속가능에너지'를 주제로 한 그림

Part 4

씨앗이 틔운 작은 새싹

지속가능에너지 캠페인의 실천

지속가능에너지 프로젝트는 처음부터 크게 두 가지의 뚜렷한 목표를 갖고 출발했다. 이를 살펴보면, 첫째는 지속가능에너지라는 신재생에너지의 개념을 아이들이 탐구 주제로 삼고 그 원리와 가치를 융합형 예술교육을 통해 이해해 나가는 것이다. 둘째는 지구 환경의 실태를 사람들에게 알리고 지속가능에너지의 필요성을 시민 사회에 주장하는 것 즉, 환경 운동과 관련해서 아이들의 사회적 참여를 격려하는 것이다.

　교육이 추구해야 하는 궁극적인 목표는 지식적인 내용에 국한되는 것이 아니라 급변하는 시대 속에서도 견지해야 하는 인간으로서의 이상일 것이며, 이는 보편적인 진리와 관련되는 인간상이라고 저자는 생각한다. 즉, 교육의 진정한 목표는 아이들이 자라나서 사회에 나갔을 때 바람직한 시민으로서의 역할을 다할 수 있도록 돕는 것이다. 이즈음에서 시민 교육의 정의를 찾아보니, '인간관계의 어느 여러 문제를 학생의 요구와 흥미에 따라 학습시키는 학교 교육으로 사회생활에 필요한 지식, 기능, 태도, 습관, 성격 따위를 함양하고 나아가 사회와 국가의 발전에 공헌할 민주 시민을 양성하는 데 목적이 있는 교육'이라고 명시되어 있었다. 저자는 비단 사회과에 국한되는 것이 아닌 모든 교과목의 지식이 나아가서는 사회와 현실에 적용될 수 있는 맥락에서 습득되어야 한다고 생각했다. 이러한 가치는 마치 과학자의 연구윤리강령과 같은 실제와 상통할 것이다. 저자 역시 이러한 맥락에서 지속가능에너지를 아이들이 직접 전개하는 사회적 캠페인으로 연계한 것이다.

　교사가 아이들과 함께했던 캠페인은 크게 '대상'이 누구인지와 관련해서 정보를 전달하거나 사회적 인식의 변화를 촉구하는 등의 상이한 형태로 진행되었다. 예컨대, 아이들의 또래 친구들에게는 지속가능에너지의 명칭이나 원리를 가르쳐주는 활동을 진행했고, 주변의 어른을 대상으로는 지속가능에너지의 가치와 더불어서 지구 생태 환경의 심각성을 알리는 활동을 진행했다.

　지속가능에너지 캠페인의 꽃은 무엇보다도 지역사회와의 연계였다. 교사와 아이들은 인천어린이과학관에서 지속가능에너지 프로젝트와 관련된 전시회를 개최하고, 체험 부스를 운영하는 등의 다양한 사회적 활동을 실천했다. 이는 훗날 지역사회의 뉴스에도 게재되어 아이들에게 더없이 뿌듯한 성취감을 안겨주기도 했다. 처음에 지속가능에너지 프로젝트의 시작은 지속가능에너지라는 주제를 아이들에게 가르치는 것에서부터 시작되었지만, 프로젝트의 말미에서는 아이들이 그 누구보다 적극적인 사회적 환경운동가이자 이 나라의 시민이었다.

인천어린이과학관에서 사회적 캠페인을 전개한 당시에는 프로젝트를 처음 시작한 이후로 반년 정도의 시간이 흐른 뒤였고, 아이들은 또 한 뼘 성장한 상태였다. 이 때문에 우리는 다시 모여 지난 프로젝트의 과정과 의의를 회상할 수 있었고, 한층 더 성숙해진 인지체계를 바탕으로 더 심층적인 사회적 캠페인을 계획하고 주도할 수 있었다. 아이들은 자신이 일상에서 실천해 왔던 지난날의 환경 보호 사례를 이야기하기도 했고, 지속가능에너지와 관련된 새로운 사회적 이슈를 교사에게 소개하기도 했다. 지속가능에너지 프로젝트가 아이들의 일상에서 크고 작은 변화를 일으키고 있었다.

친구에게 지속가능에너지를 설명해요

프로젝트의 심화 [사회적 캠페인 실천]: 지속가능에너지의 원리 설명하기

아이들은 프로젝트를 시작한 이후 환경 오염과 관련된 지구의 실태를 조사해보고 주변에서 폐품 등을 토대로 자원을 재활용해보면서 지속가능에너지라는 새로운 대체 에너지 자원에 대해 이해해보았다. 더불어서 지속가능에너지를 주제로 하거나 혹은 매개로 하는 융합예술활동을 시도해보기도 했다. 그리고 이제 교사와 아이들은 민주사회의 일원으로서, 나아가 한 명의 시민으로서 지구를 살리기 위한 인생의 첫 사회적 기여를 시도하기로 했다.

지구 환경의 실태를 파악하고, 지속가능에너지를 탐구해본 아이들은 교사와 함께 자신의 친구와 이웃, 나아가서는 지역사회 곳곳에 지속가능에너지의 가치를 전파하기로 했다.

아이들이 전개할 지구사랑 캠페인의 주요 목적은 오염되고 있는 지구 현황의 심각성을 시민들에게 알리고, 지속가능에너지를 잘 모르는 사람들에게 지속가능에너지의 정의와 의의를 홍보하는 것이었다. 교사는 아이들이 일상에서 매일 접하는 가족이나 기관 내 교실의 친구들과 같이 보다 미시적인 체계에서의 주변에서부터 캠페인을 전개해 나가고, 이웃과 지역사회와 같은 거시적인 체계로 확장하기로 했다.

캠페인의 여러 형태 중 가장 먼저 실천한 방식은 아이들에게 가장 가까운 존재, 즉 친구들에게 지속가능에너지를 알리는 일이었다. 또래 친구들을 대상으로 하는 캠페인은 어린 아이들일수록 지속가능에너지에 대한 명칭과 원리 등을 인지하지 못한 경우가 많다는 사실을 우선으로 고려해야 했다. 이로 인해 아이들이 친구들에게 지속가능에너지의 원리를 체험해 보게끔 권유하거나 설명해주는 방식의 캠페인을 진행하게 되었다. 이는 어느 정도 정보 전달을 목적으로 한 캠페인이었기 때문에 사전에 많은 준비를 해야 했다.

지구사랑 어린이 시민 모임 아이들이 지속가능에너지를 이해해보았던 과정은 다양한 융합예술활동을 활용하는 방식으로 이뤄졌는데, 이 과정에서 아이들은 지속가능에너지가 전류를 생성하는 것을 직접 경험해볼 수 있었다. 그래서 아이들은 자신들이 지속가능에너지를 이해했던 방식과 동일하게 주위 친구들 또한 직접 지속가능에너지를 생성해볼 수 있도록 돕는 것이 적절한 캠페인의 방식이라고 생각했다. 예컨대, 태양광 패널과 전구를 활용해서 만든 그림판과 손전등을 아이들이 많이 다니는 학원 상가 복도에 전시해 놓으면 친구들이 자유롭게 태양 전지 패널에 손전등으로 빛을 제공하고 전구가 켜지는 과정을 체험해볼 수 있다는 것이다. 그래서 아이들은 각자 역할을 나눠 친구들을 위한 수력에너지 체험판, 태양광에너지 체험판, 풍력에너지 체험판을 만들기로 했다.

윤이와 훈이는 수력에너지판을 만들었는데, 모터에 부착된 물레방아에 주사기로 물을 발사하여 물레방아가 돌아가면, 전구에 불이 켜지는 것을 관찰할 수 있는 체험판이었다. 이때 윤이는 물과 잘 어울릴만한 주제를 체험판의 배경으로 그리고 싶어 했다. 이로 인해 물레방아는 물뿌리개의 모습으로 전구는 꽃의 형상으로 인용되어 체험판에 부착되었다. 지환이와 태경이는 태양광 패널과 전구를 이용해서 불이 들어오는 로봇을 체험판 주제로 삽입하기로 했다. 지환이와 태경이는 태양광 패널을 로봇의 몸체에 부착하고, 로봇의 머리

위 전구에서 불이 켜지는 것을 확인할 수 있는 체험판을 만들었다. 지율이는 풍력에너지 체험판을 담당했는데, 지율이의 체험판은 공작새의 모습이었다. 프로펠러를 부착한 풍력발전 모터는 공작새의 가슴 깃털이 되었고, 동그란 전구는 공작새의 머리 깃이 되었다. 아이는 공작새의 화려한 무늬와 색깔이 전구의 불빛과 잘 어울릴 것으로 판단했다.

지속가능에너지 발전 체험판을 만드는 아이들의 모습

아이들이 만든 체험판은 어린이들이 많이 다니는 유아 학원 상가의 벽에 설치되었다. 벽면에는 체험판 외에도 태양광 패널을 구동시킬 수 있는 손전등과 물레방아를 돌릴 수 있는 소량의 물과 주사기 및 체험판의 사용 설명서도 같이 비치해 두었다. 건물에 비치된 체험판은 비단 아이들 뿐만 아니라 어른들에게도 흥미를 유발할 수 있었고, 아이들이 일상에서 만나는 여러 사람들에게 많은 귀감이 되어 주었다.

이후 교사는 이러한 사회적 참여를 유치원과 학교와 같은 교육 기관으로 확장해야 한다고 판단했다. 우선 교사는 아이들 중 자발적인 지원을 받아 친구들에게 지속가능에너지가

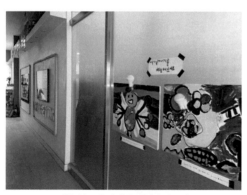

건물 복도에 전시된 체험판의 모습

무엇을 의미하는지를 소개할 친구를 찾았다. 만 4세의 지율이가 유치원 친구들에게 지속가능에너지를 설명해주기를 자원했고, 아이의 부모님과 기관 내 담임 선생님과의 논의를 토대로 아이가 친구들에게 발표를 할 수 있는 시간을 일과 시간 내에 할애받을 수 있었다.

어린 아이들의 경우, 지속가능에너지의

개념에 대한 인지가 없는 것이 보편적이었기에 어떠한 현상에 대한 지각과 각성을 촉구하는 것을 목적으로 하는 성인 대상의 캠페인과 달리 아이들을 대상으로 하는 캠페인은 정보 전달의 목적이 우선시되었다. 그렇기에 교사와 지율이는 또래 아이들의 눈높이에 맞춰 지속가능에너지를 설명할 수 있는 매체 및 교수자료를 제작하기로 했다. 무엇보다도 우리는 아이들에게 깨끗한 지구와 오염된 지구의 차이를 가시적으로 보여주고, 이 까닭이 화석에너지와 지속가능에너지의 차이에서 비롯될 수 있음을 알려주고 싶었다. 교사는 먼저 지율이와 함께 깨끗한 지구와 오염된 지구를 어떻게 표현할지에 대해 이야기 나눴다.

교사 버스나 자동차에서 나는 검은 매연은 어떤 냄새가 나지?

지율 검은색 연기는 지독한 냄새가 나고 기침이 나고… 버스가 지나갈 때 코 막아봤어요. 검은 매연은 구름을 오염시켜서 산성비가 내리잖아요.

교사 석탄이라고 하는 검은색 돌을 불에 태우면 지속가능에너지처럼 에너지를 만들 수 있어. 그런데 그 석탄은 불에 탈 때 검은 연기를 만들고 지구를 오염시킬 수 있다고 했잖아. 자동차에 넣는 기름도 석유라는 검은 기름이야. 검은색 돌과 검은색 기름으로 만드는 에너지는 매연을 만들 수밖에 없어.

지율 그래서 우리 태양광 자동차를 만들었잖아요. 기름 없이 매연 없이 달리는 차!

우리는 석탄과 석유를 검은색이라는 더러움을 상징하는 색채를 강조한 대상으로 표현하기로 했고, 아이는 이내 지속가능에너지와 화석에너지를 대조하여 이해했다. 지율이는 석유와 석탄이 초래하는 환경 오염을 나타내기 위해 그림책에 있는 삽화들을 참고하여 공장과 자동차, 기름과 매연 등의 대상을 그려냈다. 그리고 나서 아이는 지속가능에너지를 나타낼 수 있는 주제들을 선정하기 시작했는데, 태양광에너지를 활용하는 태양광 자동차, 수력에너지를 활용하는 물레방아 집, 풍력에너지를 활용하는

지속가능에너지를 표현하는 모습

풍차를 그리기로 했다. 이때 교사와 지율이는 지금까지 그래왔듯이 태양광 전지, 소형 물레방아, 프로펠러용 풍력발전 모터와 전구 등을 그림에 부착하여 친구들 앞에서 직접 지속

가능에너지를 활용하여 전구의 불이 켜지는 현상을 시연할 수 있도록 계획했다.

친구들 앞에서 제작한 교수 자료를 통해
지속가능에너지를 설명하는 아이의 모습

그날 이후, 지율이는 자신이 직접 만들었던 지속가능에너지 교수자료를 토대로 집에서 엄마와 함께 발표 연습에 돌입했다. 그리고 나서 아이는 유치원 일과 시간 내에 마련한 이야기 나누기 시간에 친구들에게 지속가능에너지가 무엇인지를 알릴 기회를 갖게 되었다. 친구들 앞에서 직접 지구 환경의 실태를 고발하고, 그 동안 자신이 탐구하고 경험해보았던 지속가능에너지의 존재를 알릴 수 있었던 까닭에 이후로 지속가능에너지 캠페인에 대한 지율이의 관심과 참여도는 더욱 향상되었다.

이웃에게 지속가능에너지를 소개해요

프로젝트의 심화 [사회적 캠페인 실천]: 지속가능에너지의 가치 홍보하기

이웃을 대상으로 한 캠페인은 크게 두 가지로 범주화될 수 있다. 첫째는 주변에서 자주 접하는 사람들을 대상으로 하는 것이고, 둘째는 불특정 다수의 사람을 대상으로 하는 것이다. 어느 경우가 되었든지 간에 이웃이라는 집단은 그 표본의 연령과 성별 역시 다양할 수밖에 없고, 사회적 캠페인에 참여시키는 데 있어서 보다 많은 시간을 할애하도록 요구하는 데에도 한계가 있다. 그래서 짧게 스쳐 가는 사람들에게는 어떠한 정보 전달의 성격을 지닌 캠페인을 진행하는 것보다 강렬한 메시지를

전달하고 사회적 인식을 촉구하는 성향의 캠페인을 진행하는 것이 바람직했다.

아이들이 처음 시작한 캠페인은 주변의 또래 친구들을 대상으로 한 작은 움직임이었다. 이후 우리는 보다 다양한 시민들을 대상으로 한 캠페인을 계획하게 되었는데, 이들을 지구에서 함께 살아가는 '이웃'이라 칭하기로 했다. 우선 교사는 두 가지 형태의 캠페인을 아이들에게 제시하였다. 첫째는 우리가 잘 아는 인물들을 대상으로 한 캠페인이었고, 둘째는 우리가 잘 모르는 불특정 다수를 대상으로 한 캠페인이었다.

전자의 경우, 평소에 친분이 있거나 서로의 존재를 알고 있는 상대였기 때문에 아이들이 친숙하고 수월하게 대상에게 다가갈 수 있다는 장점이 있었다. 아이들에게 익숙한 대상은

사전에 서로 간의 레포 형성이 충분히 되어있기 때문에 상호 신뢰감을 바탕으로 다양한 활동을 전개할 수 있었다. 그래서 아이들은 친숙한 이웃들에게 친환경 손수건을 만들어 선물하면서 지속가능에너지와 지구 환경에 대한 긍정적인 메시지를 전달하는 활동을 전개하기로 했다. 이를 위해 훈이와 윤이가 따로 시간을 내서 사람들에게 나눠 줄 친환경 손수건을 만들기로 했다.

황토가루로 손수건을 염색하는 아이들의 모습

교사는 친환경 손수건을 만드는 데 있어서 다양한 색감을 내기 위해 황토가루 외에 치자를 함께 준비했다. 치자와 황토는 자연에서 구하는 재료라는 점에서 친환경적이며, 지속가능에너지의 의미를 잘 전달할 수 있는 재료였다. 아이들은 황토가루로 손수건을 염색하는 과정에서 '흙탕물'과 '진흙'이 생각난다며 자연에서 얻은 재료로 미술 놀이를 할 수 있음에 더욱 친숙함을 표현했다. 치자는 황토와 달리 분말 형태가 아니라는 점에서 아이들은 치자를 어떻게 활용해야 손수건을 염색할 수 있을지에 대해서 많은 추론을 내놓기도 했다.

훈　얘(치자)를 갈아서 가루로 만든 다음에 쓰는 것 아니에요?

윤　아니면 이걸 물에 넣으면 저절로 녹아버리는 거 아니야?

훈　그건 아니고, 이걸 가루로 빻거나 으깨서 물에 섞을 것 같아.

치자 물에 손수건을 담가 보는 모습

훈이는 황토가루에 빗대서 치자 역시 물리적인 힘으로 형태를 변형시킨 이후 물에 희석하는 등의 화학적 변화 과정이 필요하다고 생각했다. 그러나 교사는 가열이라는 새로운 염색 방식을 제시했고, 아이들은 친환경 염색 재료의 종류와 방식에 있어서 그 다양성을 확인할 수 있었다. 치자를 끓인 뒤 색이 우러난 물에 손수건을 담그자, 손수건은 곧 노란 빛깔로 물들었다. 친환경 활동은 그 자체로 물체의 화학적 변화를 즉각적으로 관찰할 수 있으며 심미적 매력을 동시에 느낄 수 있다는 점에서 과학적 교육 효과와 예술적 교육 효과를 함께 충족시킬 수 있는 활동이었다. 아이들이 지구를 사랑하는 마음으로 알록달록 예쁘게 물들인 친환경 손수건은 일상에서 만나는 소중한 사람들에게 전달되었다. 일상에서 만나는 이웃들에게 손수건을 전달할 때에는, 지속가능에너지의 가치를 사람들에게 알리는 것이 함께 이뤄져야 했기 때문에 교사는 지속가능에너지와 관련된 문구가 삽입된 카드를 함께 동봉해주었다. 이로써 아이들은 주변의 이웃들에게 지구가 오염되고 있다는 사실과 지구를 지켜야 하는 시민들의 책임 의식, 그리고 나아가서는 지속가능에너지의 바람직한 가치를 유기적으로 전달할 수 있었다.

주변의 익숙한 이웃들에게 친환경 손수건을 선물하며 지속가능에너지와 관련된 메시지를 전달했던 이후, 우리는 본격적으로 캠페인의 범위를 확장하기 시작했다. 불특정 다수의 시민을 대상으로 한 캠페인을 실시할 때에는 몇 가지 고려해야 할 사항이 있었다. 먼저, 공공장소에서 캠페인을 실시할 때에는 다른 시민들에게 피해를 주지 않는 범위 내에서 캠페인을 진행해야 했다. 또한, 아이들이 낯선 행인들에게 메시지를 전달해야 한다는 점에서 적절한 거리를 두고 캠페인이 이뤄져야 했다. 이 때문에 교사는 아이들 중 자발적인 지원자를 받아, 보호자의 동참 하에 피켓 운동을 해볼 것을 제안했다.

아이들 중에서 유치원에서 지속가능에너지와 관련된 캠페인을 성공적으로 실시했던 지율이가 적극적인 관심을 보였다. 지율이는 친구들에게 지속가능에너지를 설명했던 이후로 더욱더 다양한 사회적인 캠페인에 참여하기를 원했다. 그래서 부모님과 함께 주말 나들이를 하면서 지구사랑 피켓운동을 실시해보기로 했고, 이를 위해 교사와 따로 만나 피켓을 제작했다. 아이는 이때 '피켓'이라는

캠페인 용 피켓을 만드는 모습

생소하면서도 상징적인 매체에 대해 굉장히 큰 흥미를 표출했다.

교사가 캠페인의 목적과 관련해서 피켓에 어떤 내용을 담고 싶은지를 묻자 아이는 사람과 바다, 하늘, 땅에 사는 동물들을 그릴 것이라고 대답했다. 또한 피켓에 실을 문구로 '언제나 항상 건강한 지구'라는 슬로건을 주장했다. 이는 지속가능에너지와 관련된 문구 혹은 오염되고 있는 지구의 실태를 알리는 문구보다는 우리가 사는 지구가 항상 깨끗하고 건강했으면 좋겠다는 아이의 소망이 담긴 문구였다.

식물원에서 피켓 행진을 하는 모습

피켓을 완성한 뒤에는 주말 나들이로 피켓운동을 전개할 장소를 선정해야 했다. 아이는 교사 및 부모님과의 상의 끝에 피켓운동의 장소를 정하는 데 있어서 두 가지 조건을 생각해냈다. 첫째는 사회적 캠페인의 일환인 피켓운동의 효과를 제고시키기 위해 이동 인구가 많은 장소를 찾아야 했다. 둘째는 시민들이 환경의 소중함을 체감할 수 있도록 자연의 미적 요소들이 곳곳에서 발현되고 있는 장소를 물색해야 했다. 두 가지 조건을 동시에 충족할 수 있는 조건으로 아이는 직접 '식물원'을 생각해냈다. 그리고 마침내 기다리던 주말이 되었고 지율이는 동생과 함께 초록빛 자연을 상징하는 색감의 옷을 맞춰 입고, 지구 사랑 피켓운동을 실천했다. 식물원 곳곳에서 피켓을 들고 행진하는 어린아이의 모습을 지나가는 시민들은 흥미로우면서도 사랑스러운 눈으로 바라보았다고 한다. 부모님은 아이의 첫 사회적 시민운동의 발자취를 사진으로 기록해 두었다.

03 지역사회에서 지속가능에너지를 외쳐요

프로젝트의 심화 [사회적 캠페인 실천]: 지역사회에 영향력 행사하기

친구와 이웃, 주변의 시민들에게 진행했던 아이들의 사회적 캠페인은 지역사회 내 공공기관으로까지 확장되었다. 지역사회에서 전개된 사회적 캠페인은 여러 사람이 공동으로 이용하는 복합 다문화 시설인 인천어린이과학관에서 전시회를 개최할 수 있도록 초청받으면서 시작되었다. 이는 아이들이 그동안 진행해온 활동의 과정 및 결과를 시민들과 공유하는 기회이자, 지속가능에너지 및 지구 사랑을 주제로 사람들과 소통하고 교류할 수 있는 이해의 장이었다.

지구사랑을 실천할 수 있는 크고 작은 사회적 캠페인을 전개하던 중에, 우리는 지역사회 내의 한 기관에서 지속가능에너지와 관련된 아이들의 작품 전시회를 개최할 수 있는 기회를 얻게 되었다. 이는 인천어린이과학관에서 개최하고 있는 시민 주최 전시회 공모전에 교

사가 아이들의 지속가능에너지 관련 프로젝트 전반의 과정을 전시회 주제로 응모한 결과였다. 이 과정에서 아이들은 인천어린이과학관에서 작품 및 사진 전시회를 개최하는 것과 더불어서, 시민들을 대상으로 지구사랑 관련 예술활동의 체험 부스를 운영할 수 있었다. 그리고 이러한 일련의 과정은 지역사회의 신문 기사에까지 실리게 되는 값진 경험을 하게 되었다.

알의 형상을 만드는 모습

도마뱀 모형을 제작하는 모습

우리는 전시회를 준비하면서, 사회적 메시지를 함축하고 있는 두 가지 작품을 추가 제작하기로 했다. 하나는 프로젝트 주제와 관련된 상징적인 메시지를 담은 작품을 전시회 입구에 비치하기 위함이었고, 또 다른 하나는 아이들이 시민들에게 전달하고 싶은 메시지를 함축한 조형물을 설치하기 위함이었다. 먼저 교사는 시민들에게 환경을 오염시키는 기존의 발전 및 생활 방식에서 벗어나 지속가능한 새로운 발전 및 생활 태도를 함양할 것을 권고하는 메시지를 함축하고 있는 작품을 고안했다. 이 작품의 배경은 '알'의 형태인데, 아이들은 알을 상징하는 타원형의 작은 캔버스에 알 껍데기를 표현하기 위해 조개 껍데기 조각을 붙여 배경을 완성했다.

그리고 나서 아이들은 깨끗한 환경에서만 살 수 있는 생물을 의미하는 도마뱀 모형을 만들어 작품에 붙였다. 마지막으로 아이들에게 알을 깨고 나오는 자신의 모습을 상상해서 표현해 보게끔 하고 그 모습을 사진으로 촬영하여 작품에 부착했다. 이 작품은 자연을 보존하기 위해 기존의 잘못된 개발 방식에서 벗어나 지속가능에너지라는 새로운 에너지를 활용할 것을 촉구하는 메시지를 함축하고 있었다. 이 작품의 제목은 '알을 깨고 나와라'였다.

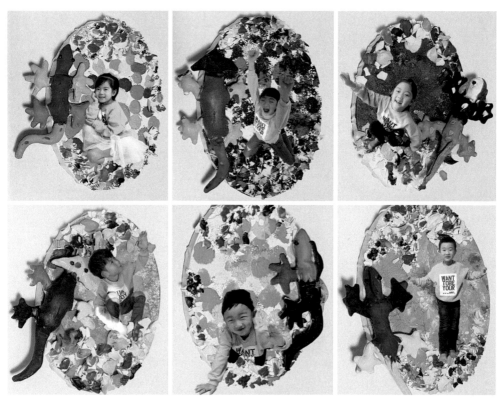

작품 '알을 깨고 나와라'의 모습

　이렇게 만들어진 작품 '알을 깨고 나와라'는 지구를 위해 기존의 발전 방식에서 탈피하라는 메시지를 담고 있는 상징적인 작품이었다. 이 작품들은 실제로 전시회 현장에서 시민들의 이목을 끌면서 "귀엽고 사랑스러운 작품", "기발한 아이디어를 지닌 작품", "숨은 뜻이 의미 있는 작품" 등의 감상평을 남긴 전시작들이었다.

　전시회를 준비하기 위한 두 번째 추가 제작품은 협동 작품이었는데, 이 작품은 아이들이 직접 주도해서 고안한 작품이었다. 작품의 제작 계획과 재료 선정 단계에서부터 아이들의 생각이 많이 반영되었는데, 아이들은 자연 속에서 살아가는 사람의 모습을 표현하고 싶어 했다.

교사　자연 속에서 살아가는 사람의 모습을 어떻게 표현하고 싶어? 자연 속에 있는 마을을 만들까?

소율 그럼 숲속 벤치에 앉아 있는 건 어때? 폐품으로 벤치에 앉아 있는 사람의 모습을 만들고 뒤에는 커다란 나무를 만들어 세우는 거야.

훈 그럼 만들어야 할 조형물이 너무 많지 않을까? 아니면 자연에서 쉽게 볼 수 있는 것들로 벤치를 꾸미는 건 어떨까? 나뭇잎이나 꽃과 같은 것들 말이야.

지환 아 좋은 생각이 났다. 벤치에 앉아 있는 사람을 만들 때 나뭇잎에서 깨끗한 공기가 나와서 사람 심장이 깨끗하게 쿵쿵 뛰고 있는 걸 만드는 게 어때? 인체 그림책이 필요할 것 같아.

논의 끝에 아이들은 깨끗한 자연에서 마음껏 숨 쉬며 휴식을 취하는 사람의 형상을 폐품을 이용하여 만들고 전시회 한쪽에 세우기로 했다. 이후 아이들은 인체의 구조를 완성하기 위해 각자 역할을 나눠 사람의 머리와 몸통, 팔과 다리 등을 만들기 시작했다. 아이들은 각 인체의 구조별 생김새를 표현하기 위해 적당한 크기와 형태의 폐품들을 골랐고,

폐품으로 사람 형상의 조형물을 만드는 아이들의 모습

이내 곧 채색과정에 돌입했다

> **훈** 선생님! 이 정수기 물통이 사람 목이랑 몸통 부분이랑 비슷한 것 같아요. 여기에 심장이랑 혈관을 그리면 될 것 같아요. 심장 속에 공기도 그려야 하나. 깨끗한 공기가 들어가는 모습이요.

인체그림책을 참고하여 사람의 심혈관계를 그리는 모습

훈이는 가장 연장자라는 이유로 인체과학책을 바탕으로 심장과 동맥 및 정맥을 그리는 역할을 자원하여 생수통에 심혈관 순환계를 그려냈다. 아이는 산소가 혈관 속을 지나 심장으로 드나드는 순환 구조를 표현하기 위해 혈관 속에 있는 공기의 모습을 어떻게 그릴지 고민했다. 또한 심장을 보호하는 갈비뼈도 함께 그려냈다.

> **지율** 이 바가지가 사람 얼굴 모양으로 하기에 괜찮은 것 같죠? 동글동글 얼굴 같잖아요. 귀도 있으면 좋을 텐데….

인체 구조 중 얼굴을 맡은 지율이는 폐품 중에서 얼굴형과 부합하는 재료인 바가지를 골랐다. 얼굴과 몸통이 모습을 갖춰가자 점차 사람의 형상이 나타나기 시작했다.

아이들은 사람 형상의 조형물을 완성한 이후 사람이 앉아서 휴식을 취할 공간인 의자를 만들기 위해 가장 큰 크기의 박스를 선택했다. 이때 아이들은 자연 속에 있는 이미지를 연출하기 위해 나뭇잎에 물감을 묻혀 찍어낸 그림

인체 조형물의 얼굴을 만드는 모습

으로 숲의 모습을 표현하고, 너무 껍질처럼 거칠거칠하게 굳는 석고 반죽을 활용하여 벤치의 질감을 살리고자 했다. 새로 제작한 조형물 외에도 아이들이 프로젝트 시작 당시 만들었던 폐품 로봇 역시 태양광 패널과 전구로 만들었던 지속가능에너지 체험판과 합처져 전시회를 위해 재창조되었다. 반년 만에 만난 아이들의 입가에는 오랜만에 즐기는 협동 작업과 예술놀이 덕분에 웃음이 끊이질 않았다.

협동 작업을 즐기는 자연 속 벤치를 만드는 모습

이윽고, 아이들이 준비한 지속가능에너지 프로젝트 전시회 기간이 되었다. 전시회의 정식 명칭은 〈지구를 살리는 지속가능에너지〉였고, 주최하는 작가의 이름은 '지구사랑 어린이 시민 모임'으로 안내되었다. 아이들이 프로젝트 전반 동안 제작했던 다양한 조형물 및 그림 작품 외에 프로젝트 전개 과정에서의 활동사진들 또한 전시회장에 함께 전시되었다.

우리가 준비한 전시회는 인천어린이과학관에서 4월 중순부터 30여 일간 지속해서 이뤄졌다. 인천어린이과학관 측에서는 한 달간의 전시 기간 중 4월 21일 과학의 날 및 5월 5일 어린이날 양일에 아이들을 초청해주었다.

과학관 내 전시회장에 자리잡은 조형물의 모습

과학관 내부의 전시회 안내판

프로젝트의 주인공인 지구사랑 어린이 시민 모임 아이들은 부모님과 함께 전시회를 찾아 지속가능에너지와 관련해 진행해온 수많은 활동의 결과물들을 감상했다. 이때 아이들은 프로젝트를 함께한 친구와 지난날들을 회상하며 즐거워하기도 했고, 전시회를 찾은 사람들에게 지속가능에너지와 작품에 대해 안내하는 모습을 보이기도 했다.

전시회를 찾은 아이들의 모습

전시회에는 아이들의 작품 외에도 직접 체험해볼 수 있는 형식의 감상방식을 적용한 조형물도 있었기 때문에 이와 관련해서 사람들에게 자신이 만든 조형물의 사용방식을 앞장서서 가르쳐 주기도 했다. 태경이는 동생에게 조형물의 의미를 설명해주고, 태양광 패널에 손전등을 비추면 로봇에 부착된 전구의 불이 켜지는 것을 보여주면서 동생이 직접 체험해볼 수 있도록 안내해주었다.

참여형 조형물을 체험하는 모습

전시회는 아이들의 작품에 따라 총 4가지 구역으로 나뉘었는데, 먼저 지구 환경의 심각성을 경고하는 것부터 시작해서 지속가능에너지와 함께하는 미래를 그려낸 작품을 감상하는 것으로 동선이 구성되었다. 또한 그동안 실천했던 지속가능에너지와 관련된 융합예술활동과 시민들을 대상으로 한 지구 사랑 캠페인의 활동을 기록한 사진이 순차적으로 전시되었다. 구역마다 비치된 작품 및 사진과 관련해서 참고할 수 있는 정보들이 배너로 구성되어 있었는데, 이는 작품을 감상하는 시민들뿐만 아니라 전시회를 준비한 아이들에게도 활동 과정마다의 의의를 되새겨볼 수 있는 좋은 지침이 되었다.

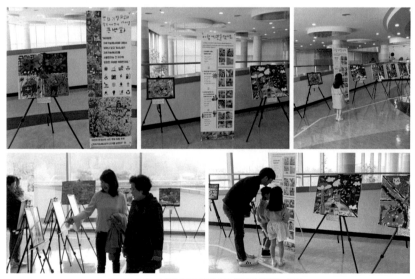

전시 안내 배너를 참고하며 전시를 감상하는 모습

전시회를 찾은 사람들이 작품을 감상할 때 참고한 배너의 내용은 다음과 같다. 전시회 입구로 들어서면 사람들은 먼저 〈배너 1〉과 함께 아이들이 그린 멸종위기동물 그림을 감상하면서 환경 오염의 심각성을 다시 한번 깨닫고 이번 전시회가 지구의 환경에 대해 다루고 있음을 알게 된다. 그리고 〈배너 2〉를 통해 '지속가능에너지'라는 실질적인 전시회의 주제에 접근하고, 지속가능에너지의 의의에 대해 생각해볼 기회를 얻게 된다.

전시회에 마련된 배너는 보통 전시회의 주제나 방향성, 그리고 관람객이 전시회를 효과적으로 감상할 수 있도록 하기 위함이다. 그렇기 때문에 그 주제가 다소 생소하거나 이해하기 난해할 경우를 대비해 정보 제공을 목적으로 하는 글이 필요하다. 이를 위해서 〈배너 3〉과 〈배너 4〉는 지속가능에너지의 정의를 설명한다. 이중 〈배너 3〉은 환경 오염과 산업혁명 간의 관계성과 UN에서 공표한 인류가 지켜야 할 세계 공동의 의제 즉, 'Sustainable Development Goal(지속가능한 발전)'에 대해 다뤘다. 또한 〈배너 4〉는 지속가능에너지의 필요성과 가치를 논의하면서, 지구사랑 어린이 시민 모임 아이들이 진행한 프로젝트의 의도와 과정을 설명한다.

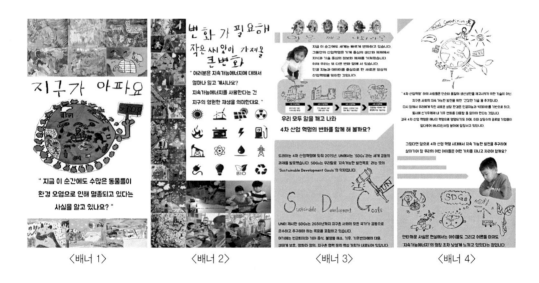

〈배너 1〉　　　〈배너 2〉　　　〈배너 3〉　　　〈배너 4〉

〈배너 5〉와 〈배너 6〉은 전시물에 대한 안내를 목적으로 프로젝트의 주제 의식을 담고 있다. 〈배너 5〉는 아이들의 모습이 담긴 사진과 함께 사회적 캠페인의 활동 과정을 소개하고 사람들의 참여를 촉구한다. 또한 〈배너 6〉은 전시작품의 제작 과정 즉, 아이들이 어떤 의도를 갖고 만들었는지, 어떤 재료와 방법으로 제작했는지에 대해 시간 순서별로 서술한다. 마지막으로 〈배너 7〉은 인류와 지구의 공존이 지속가능에너지를 통해 가능할 수 있음을 강조하며 이번 전시회의 의의를 되새김한다.

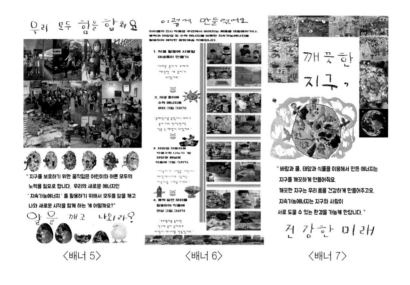

<배너 5>　　　　　　<배너 6>　　　　　　<배너 7>

아이들이 처음 전시회를 찾은 날은 인천어린이과학관에서 4월 21일 과학의 날에 맞춰 여러 과학 행사를 진행한 날이었다. 그래서 지구사랑 어린이 시민 모임도 과학의 날에 맞춰 특별한 이벤트를 전개하고자, 지속가능에너지를 상징할 수 있는 피켓을 들고 과학관 내외 수많은 인파 가운데에서 즉석 거리 행진을 하기로 했다. 우리는 피켓 운동을 위해 전시회에 참석하기 전 미리 한자리에 모였고, 한 가지 지속가능에너지를 골라 그림으로 표현해보는 방식으로 피켓을 만들었다.

지속가능에너지 피켓 그림을 그리는 아이들의 모습

윤　선생님! 수력에너지를 만드는 물레방아를 어떻게 그려야 하죠? 아! 알겠다. 물레방아테이프를 보고 그리면 될 것 같아요. 이렇게 생겼어요, 물레방아는!

교사는 지속가능에너지를 그리는 데 있어서 아이들에게 별다른 조건이나 자료를 제시하지 않고, 지속가능에너지와 관련해서 그동안 탐구해 온 내용을 아이들이 자유롭게 표현하도록 하였다. 그랬더니 윤이는 주변의 실생활에서 사용하는 물건 중 물레방아의 모습을 형상화한 개발품을 보고 물레방아를 연계하여 그리는 모습을 보여주었다. 이는 교사도 생각지 못한 대안이었다.

교사　다들 준비 되었니? 하나 둘!
지구사랑 어린이 시민 모임 일동　지구를 지켜라! 지속가능에너지를 사용해요.

아이들이 고사리손으로 직접 만든 피켓은 과학의 날에 맞춰 새로운 신재생에너지를 홍보하는 데 있어서 주변 사람들의 시선을 끌기에 충분했다. 옷까지 맞춰 입은 지구사랑 어린이 시민 모임 일동은 각자 만든 피켓을 들고 본격적으로 피켓 운동을 했다. 우리가 만든 구호는 "지구를 지켜라", "지속가능에너지를 사용해요"였다. 교사가 먼저 "하나 둘" 구호를 외치면 아이들은 순차적으로 두 가지 구호를 따라 연창했다.

드디어 교사의 구호에 맞춰 아이들이 피켓을 들고 줄 맞춰 행진하기 시작했다. 부끄러워하면서도 못내 재미있어하는 아이, 사람들의 시선을 즐기듯 힘차게 걷는 아이, 지구를 사랑하는 마음으로 다소 비장하게 임하는 아이 등 캠페인에 참여하는 태도와 모습마저도 각양각색이었지만 우리는 함께 외쳤고, 함께 걸었다. 아이들은 교사를 따라 과학관 내부 곳곳을 돌았는데 수많은 사람이 피켓을 들고 행진하는 아이들의 모습을 흥미롭게 지켜보았다. 아이들의 행진은 과학관 밖으로 나와서도 계속되었다. 과학관 외부에는 과학의 날을 맞이해서 다양한 과학 놀이 체험 부스가 설치되어 있었고, 박물관 입구에 위치한 야외 놀이터에도 많은 사람이 있었기 때문이다. 과학관을 찾은 시민들 또한 처음 보는 어린이 피켓 운동에 꽤 많은 관심을 보였고, 교사에게 다가와 어떤 취지의 활동인지를 묻는 경우도 있었다.

과학관에서 피켓운동을 전개하는 아이들의 모습

마침 아이들이 야외에서 피켓 운동을 하고 있을 때 과학의 날을 맞이해서 인천어린이과학관을 방문한 지역사회의 인사 및 국회의원을 비롯한 정치 행정 관련 인사들이 과학관 관계자와 만나고 있었는데, 어린이들의 사회적 캠페인을 보고 격려와 지지를 표현해주기도 했다. 이를 통해 아이들은 자신의 캠페인이 삶의 연장자인 어른들로부터 인정받았다는 사실에 큰 성취감을 맛보았고, 지구 환경을 지키기 위한 역할에 더욱 진지하게 몰입할 수 있었다.

사회 각계의 종사자들로부터 지지받는 아이들의 모습

다양한 지역 인사들을 대상으로 캠페인을 실시한 이래로 훗날 아이들의 프로젝트는 사회적으로 더욱 인정받을 수 있었다. 어린아이들이 인천어린이과학관에서 지구 환경을 살리기 위해 전시회를 개최하고, 시민들을 대상으로 피켓 운동을 했다는 소식이 신문 기사로 실렸기 때문이다. 우리의 프로젝트는 과학관 홍보담당자에 의해 지역사회 신문에 그 목적과 과정 및 결과를 포함하는 기사로 작성되었다. 아이들은 자신이 참여한 프로젝트 활동이 지역사회 신문으로 게재되고 주변 사람들에게 영감을 주며, 크고 작은 사회적 변화를 일으킬 수 있는 것을 직접 체감하며 한껏 고무되었다. 교육 현장에서 탐구했던 학습 주제가 더욱더 거시적이고 역동적인 차원에서의 사회적 참여로 연계되는 순간이었다.

지속가능에너지 프로젝트와 관련된 지역사회의 신문기사 일부 발췌

우리는 모두 지난날의 과정상 의의와 더불어 결과로서의 성취에 상당한 뿌듯함과 만족감을 느꼈다. 과학관에서의 첫 시민운동을 성공리에 마친 아이들은 과학관에서 당초 초청했던 두 날짜 중 남은 하루인 '어린이날'에 또 다른 시민운동을 전개하고 싶어 했다. 그래서 교사는 이번에는 퍼포먼스형 캠페인에서 나아가 더 적극적으로 시민들의 참여를 유도할 수 있는 방식을 구상해보았고, 전시 공간의 일부를 할애해 '지구 사랑 손수건 만들기' 체험 부스를 설치하기로 했다.

드디어 5월 5일 어린이날이 되었다. 인천어린이과학관은 지역사회인 지자체에서 운영하는 곳으로 어린이날을 맞이하여 무료 개방을 하였기에 수많은 가족들이 과학관을 방문했다. 부스에는 저마다 각자 지구를 사랑하는 마음을 담아 지구를 그리거나 희망의 메시지

손수건 만들기 체험부스를 운영하는 아이들과 참여하는 시민들의 모습

를 써서 손수건을 꾸며보도록 무지 손수건과 염색용 크레파스, 펜 등의 재료들이 구비되어 있었다. 손수건 만들기 활동은 필요한 재료나 할애해야 하는 시간 등이 비교적 간단해서 과학관을 방문한 사람들이 전시를 감상하는 동안에 짧은 체험 거리를 경험하는 정도로 계획하기에 제격이었다.

시간이 흐를수록 점차 많은 시민의 발걸음이 우리의 전시회로 향하게 되었고, 곧이어 체험 부스에도 많은 인파가 모였다. 아이들은 직접 또래 친구들에게 손수건 만들기 활동의 취지는 무엇인지, 어떻게 손수건을 꾸미는 것이 좋을지 등을 안내했다. 우리들이 준비한 체험부스에는 아이들 외에도 교사와 부모님을 비롯한 성인들이 손수건 만들기 활동 운영을 도울 정도로 많은 사람이 찾아주었다. 아이들은 시민들과 마주 앉아 교류하면서 지구 사랑 캠페인의 주도적인 운영 주체로서 맡은 역할을 충실히 이행했다.

체험부스를 이용하는 시민들과 전시회를 감상하는 시민들의 모습

체험 부스가 성황리에 운영되는 동안, 다음 차례를 기다리던 시민들은 자연스럽게 아이들의 작품 전시를 감상하며 시간을 보냈는데 어른과 아이 할 것 없이 모두 지구에 대한 아이들의 진지한 책임 의식과 주제에 대한 깊이 있는 탐구에 감탄하는 모습을 보였다.

이번 전시회는 프로젝트에 참여한 지구사랑 어린이 친구들뿐만 아니라 아이들의 가족과 친구들 나아가서는 어린이 과학관의 운영 인력과 과학관을 방문하는 수많은 시민이 함께 협력하고 교류하면서 이뤄낸 일종의 민주 사회적 운동의 일환이었다. 아이들은 다양한 사람들과 함께 전시회를 준비하고 또 함께 감상하면서 지구촌을 살아가는 사람들 간의 공생과 상생의 필요성을 느낄 수 있었고, 시민 사회 구성원들 간의 연대의식을 함양할 수 있었다.

전시회를 찾은 여러 시민들의 모습

Part 5

지구촌 다른 나라에서 함께 한 친구들

지속가능에너지 캠페인의 확산

지구촌에서 멀고도 가까운 나라인 싱가포르, 싱가포르는 동남아시아에 있는 섬으로 이루어진 도시 국가다. 싱가포르의 인구 구성을 살펴보면 중국인이 약 75%로 가장 많고 말레이인, 인도인, 기타 다른 유색인종으로 이뤄져 있어서 다인종 국가라고 할 수 있다. 나라에서 쓰이는 공용어 역시 중국어와 영어, 말레이어와 타밀어까지 다양하다. 지구사랑 어린이 시민 모임의 단원을 자처했던 예원이와 예성이가 싱가포르로 이민을 간 이후, 우리는 한국과 싱가포르 양국에서 지속가능에너지 프로젝트를 확산시키기로 했다. 각국의 아이들은 두 나라에서 독립적인 활동을 펼치기도 했지만, 서로 소통하고 협업하는 유기적인 활동을 진행하기도 했다. 싱가포르에서 세계 여러 나라 사람들을 대상으로 지속가능프로젝트를 진행한 경험은 아이들에게 있어서 환경교육과 다문화교육이라는 서로 다른 두 가지 교육적 지향점을 충족시키는 계기가 되었다.

최근 들어 교통수단과 과학기술의 발달로 인해 지구촌 사회에서 물리적 거리감이 크게 줄어감에 따라, 세계 여러 나라 사람들의 삶에서 '상생'이라는 단어가 자주 쓰이고 있다. 이제 더는 교육 현장에서 실시되는 다문화교육이 서로 다른 문화의 차이를 강조하는 관광주의식 교육과정에 국한되지 않고, 세계 시민으로서의 사람들이 공통으로 지향하는 가치와 서로 간의 유사성에 집중하는 이유도 이 때문이다. 저자가 교육 현장에서 처음으로 '상생'이라는 단어를 들었을 때 저자는 지역사회와 이웃, 내지는 자연과 인간의 관계망 내에서 단어의 의미를 파악했다. 즉, 단 한 번도 국제사회에서 그리고 세계시민의 관계 속에서 '상생'이라는 단어를 이해해 본 적이 없는 것이다.

그 이유도 그럴 것이, 비단 아이들뿐만 아니라 성인들 역시 실제 일상에서 다양한 국가의 사람들과 교류하고 공동의 목표를 달성하기 위해 소통해 본 적이 없기 때문이다. 그러나 지속가능에너지 프로젝트의 지구사랑 캠페인과 같이 세계인들이 서로 공감하면서 지구를 살아가는 인류를 존속시키기 위한 공동의 의무와 책임을 인식한다면 우리는 국제 사회에서의 '상생'의 개념을 더욱더 깊게 이해하게 될 것이다.

진보주의 교육학자인 듀이는 이를 위한 기저가 '학교'에서부터 시작된다고 말한다. 학교에서 다양한 인종, 문화, 전통의 아동을 섞는 것은 교실에서 더 큰 환경을 만들 수 있다고 말하며 서로 다른 사람들 간의 상호 연계성과 의존을 강조한다. 저자는 이러한 상호 연계성과 의존이 비단 꼭 교실 내에 다인종의 아이들을 직접적으로 배치하는 것만을 말하는 것이 아니라 집단 규칙과 특정 주제에 대한 다양한 사람들의 견해를 존중하고, 수많은 가치 판단과 분석을 가능하게 하는 기회를 보장해주는 것까지를 의미한다고 생각한다. 이런 의미에서 교사는 지구 환경과 관련된 문제가 지구에서 살아가는 모든 사람의 공동의 과제이자 함께 해결해 나가야 할 책임이기에 아이들이 다양한 국가의 사람들을 대상으로 서로의 견해에 귀 기울이고, 협력하며 캠페인을 전개해 나가는 것이 바람직하다고 판단했다.

지속가능에너지 프로젝트는 한국에서 추진한 캠페인의 취지와 방향성을 싱가포르의 현지에 전달하고, 싱가포르만의 문화적 특색과 배경에 맞게 환경 캠페인을 이어받게 하면서 시작되었다. 그리고 서로 다른 국가에서 살아가는 아이들이 소통하며 공동의 목표를 성취하기 위한 일련의 과정들이 모두 지속가능에너지 캠페인의 과정으로 포함되었다.

01 싱가포르의 랜드마크, 슈퍼트리에서 지속가능에너지를 만났어요

프로젝트의 확산 [싱가포르 현지 살펴보기]: 지속가능에너지의 활용 가능성 확인하기

'슈퍼트리(Supertree)'는 공상 영화에서나 볼 수 있을 것 같은, 마치 머나먼 미래에나 존재할 법한 그런 인공 나무를 의미한다. 슈퍼트리는 일종의 거대한 조형물이라고 할 수 있는데 스스로가 실제 나무처럼 행동하도록 설계되어 있다. 즉, 슈퍼트리란 식물이 광합성을하는 것과 같이 한낮의 열을 흡수하고, 태양에너지를 비축하거나 빗물을 저장하는 등 식물의 실제 생존 방식을 모방하도록 제작된 인공물이다. 슈퍼트리는 실제 지속가능에너지를 활용한 조형물이라는 점에서 지속가능에너지에 대한 아이들의 관심을 촉구하기에 더할나위 없이 좋은 견학 장소였다.

지금부터 기록되는 이야기는 지구사랑 어린이 시민 모임에서 싱가포르 특파원으로 활동중인 예원이와 예성이의 이야기다. 현재, 싱가포르 한국국제학교에 재학 중인 예원이와 예

성이는 싱가포르에서 거주 중이다. 두 아이는 지속가능에너지 프로젝트 시작 당시에는 함께 하지 못했지만, 인천어린이과학관 전시회 개최 직전에 소식을 듣고 나서 싱가포르 현지에서 함께 하고 싶다는 의사를 보였다. 교사 역시 아이들의 참여 의지를 전해 듣고 지구촌 아이들이 공동으로 프로젝트를 전개해보는 것은 어떨까 하는 생각에 곧바로 싱가포르 행 비행기에 몸을 실었다. 싱가포르에서 교사와 만난 아이들은 지속가능에너지 프로젝트를 시작하기에 앞서 실제 지속가능에너지를 활용하고 있는 싱가포르의 상징적인 랜드마크, '슈퍼트리'를 방문해보기로 했다.

슈퍼트리는 '가든스 바이 더 베이(Gardens by the Bay)'라는 거대한 인공 정원 내에 자리 잡고 있다. 싱가포르에서 꼭 가봐야 할 장소를 단 하나 꼽는다면 바로 이 '가든스 바이 더 베이'인데 이곳은 '슈퍼트리', '클라우드 포레스트', '플라워 돔'이라는 3개의 구역으로 나누어져 있다. 이중 플라워 돔과 클라우드 포레스트는 식물을 비롯한 지구 환경의 생태학적 요소의 아름다움과 소중함을 체감할 수 있다는 점에서 슈퍼트리와 함께 둘러볼 만한 가치가 있다.

플라워 돔은 그 이름 그대로 세계 곳곳에 서식하는 온갖 종류의 꽃들이 피어 있는 곳이다. 이곳에서는 사막에서 피는 선인장꽃부터 열대 지역에서만 볼 수 있는 신비로운 꽃들까지 기후대 별 다양한 꽃들을 관찰할 수 있다. 아이들은 한국에서 볼 수 있었던 식물과 싱가포르 현지의 기후에서 자주 접했던 식물을 비교하기도 했고, 열대성 기후에서나 볼 법한 형형색색의 활엽 식물이나 벌레잡이 식물과 같이 그동안 접하지 못했던 생소한 식물들을 관찰하는 것에 큰 흥미를 보였다.

플라워 돔에서 다양한 종류의 식물을 관찰하던 중, 싱가포르의 한 중등학교의 동아리 단원들이 우리를 향해 다가왔다. 그 친구들은 식물원에 방문한 사람들을 대상으로 지구 온난화와 관련된 환경문제를 알리고, 식물원 곳곳에 있는 식물들과 관람 정보에 대한 안내를 담당하는 현지의 봉사생들이었다. 싱가포르의 중학생들은 아이들에게 어디에서 어떤 식물을 관람하면 좋을지, 어떤 식물이 희소성 있는 식물인지, 더불어서 현재 지구의 생태계는 어떤 위기에 처해있는지 등을 준비한 자료와 함께 설명해주었다. 아이들에 따르면 싱가포르는 교육과정을 운영하는 데 있어서 지역사회와의 연계를 중시하고 있으며 이에 따라 학생들 또한 사회적 참여에 적극적인 분위기라고 했다. 아이들은 봉사단원들로부터 식물원과 관련된 안내를 받으면서 자신들도 시민들을 대상으로 지구 환경과 관련된 캠페인을 실천할 수 있으리라는 자신감과 의지를 얻을 수 있었다.

식물원에서 만난 현지 환경 동아리 단원의 모습

플라워 돔이 식물 정원이라면 클라우드 포레스트는 생태계와 관련된 지구의 역사를 제시하는 일종의 시각적 미디어 박물관과 같은 곳이다. 플라워 돔은 일종의 식물원이다 보니 식물의 생장을 위해 온도가 맞춰져 있어 살짝 더운 기운이 느껴지는 곳인 반면, 클라우드 포레스트에서는 꽤 시원하고 청정한 공기를 맛볼 수 있었다. 클라우드 포레스트는 엘리베이터를 통해 식물관 내 높은 정상부로 이동한 뒤, 도보로 걸어 내려오며 관람을 하는 방식인데 한 층 한 층 내려올 때마다 다양한 전시물을 만날 수 있었다. 또한, 다리를 내려오면서도 주변에 식물이 무성하게 자라 있어 아이들이 직접 식물을 만지거나 관찰하며 향기

클라우드 포레스트의 공중 다리

를 맡을 수 있었고 인공 안개가 분사되고 있어 마치 구름 위를 걷는 것과 같은 기분까지도 느낄 수 있었다.

클라우드 포레스트에서는 고도 및 기후대별 서식 동식물을 안내하는 자료나 생태계와 관련된 자료를 전시하고 있었으며, 마지막 층에서는 위에서 전시했던 다양한 자원이 지구 상에서 얼마나 빠르게 파괴되어 가고 있는지, 인간이 지구에 어떤 피해를 주고 있는지를 보여주고 있었다.

클라우드 포레스트 내 안내자료

그러나 가든스 바이 더 베이는 '인류의 노력이 없으면 지구가 지니고 있는 아름다움도 곧 끝이 난다'라는 경고의 메시지를 전하는 것에만 그치지 않고, '지속가능에너지라는 새로운 대안'을 제시하고 있었다. 이와 관련해서 한 가지 흥미로운 점은 슈퍼트리를 비롯한 가든스 바이 더 베이 내의 모든 식물 역시 물과 에너지를 자체적으로 순환, 지속시키는 것이 가능하도록 설계되었다는 것인데, 이를 통해 지속가능에너지의 영원성을 조망하는 듯했다. 아이들은 가든스 바이 더 베이에서 지속가능에너지의 존재와 더불어 그 실현 가능성을 확인했고 이와 관련된 사회적 캠페인의 필요성을 실감하게 되었다. 슈퍼트리가 위치

환경 오염과 지속가능발전 간의 상관관계를 이해하는 아이의 모습

한 외부로 향하기 전, 식물원 내부에서는 사람들에게 지속가능에너지의 가치를 알리기 위한 미디어 쇼를 제공했다. 영상은 파괴되고 있는 지구 환경의 모습을 조망하며 경각심을 일깨워주는 것으로부터 시작되었다. 예컨대, 빙하가 녹고 있는 북극에서 북극곰이 굶주리고 있는 장면이 화면에 나왔고 곧이어 지구촌 곳곳에서 인간이 자행하고 있는 환경 파괴의 모습이 나타났다. 아이들은 사람들의 욕심으로 고통받는 동물들을 보면서 가슴 아파하고 안타까워했다. 그러나 화면 속 이야기는 지구가 얼마나 병들어 있는지를 보여주는 데에서 끝나지 않는다. 이후에는 오히려 대조적으로 아름답고 푸르른 자연의 세계를 강조한다. 상쾌하게 불어오는 바람 소리와 새들의 지저귐, 한바탕 시원하게 쏟아지는 빗소리 등 자연이 선사하는 감미로운 소리가 들려온다. 이와 함께 노을이 지고 다시 해가 뜨며, 뿌리와 줄기가 뻗어가는 싱그러운 나무가 화면에 보이면서 사람들은 자연 속에서나 느낄 법한 청량감을 간접적으로 맛보게 된다. 자연이 선물하는 소중함을 느낀 사람들은 아이러니하게도 이러한 자연의 아름다움에 대한 심미적인 정서를 통해 더욱 큰 경각심을 느끼게 된다. 이후 영상에는 지속가능에너지를 활용하여 밝은 빛을 내는 가든스 바이 더 베이와 슈퍼트리의 아름다운 전경이 나온다. 이로써 인간이 자연을 훼손하지 않고 지키는 방법은 미래세대에서 사용할 지속가능에너지를 개발하고 활성화하는 것임을 상기시키는 것이다. 영상 말미에서는 가든스 바이 더 베이를 방문한 사람들에게 다음의 질문을 던지는데, 사람들은 이 질문에 대한 해답을 가슴 속에 품고 슈퍼트리로 발걸음을 향하게 된다. 가든스 바이 더 베이의 시각 자료에는 다음과 같은 문구가 제시된다.

가든스 바이 더 베이는 미래 세대와의 공존과 조화를 위해
지속가능한 발전과 에너지를 추구합니다.
당신은 지금 당장 무엇을 할 수 있을까요?

아이들과 교사는 이 강렬한 메시지를 간직한 채, 슈퍼트리를 맞이하러 걸음을 재촉했다.
야외로 나가자, 말 그대로 커다란 나무의 형상을 한 슈퍼트리의 웅장함이 우리를 사로잡았
다. 슈퍼트리는 나뭇가지와 나뭇잎 그리고 꽃과 열매를 상징할 수 있는 재료와 질감으로
이뤄져 있었기 때문에 아이들은 여러 그루의 슈퍼트리를 보고 숲속에 와있는 듯한 착각이
든다고 말했다.

슈퍼트리의 전경

우리가 처음 슈퍼트리를 방문할 즈음에는 해가 뉘엿뉘엿 지기 직전의 시간대였다. 이 때
문에 우리는 낮 동안에는 나무의 싱그러운 모습을 상상할 수 있었고, 해가 진 이후에는 화
려한 불빛을 자랑하는 슈퍼트리에서 도심 속 풍경을 엿보며 자연과 도시라는 다소 상반되
는 이미지를 동시에 체감할 수 있었다. 해가 지고 하늘이 조금씩 어두워지자, 슈퍼트리의
정상부에서 온종일 뜨거운 햇빛을 흡수했던 패널이 맡은 역할을 수행하기 시작했다. 태양
광 패널이 생산해내는 전력은 이내 곧 슈퍼트리 전반을 밝게 비출 에너지가 되었고, 얼마
지나지 않아 슈퍼트리는 그 자체가 마치 커다란 전구인 듯 환하게 빛나기 시작했다. 아이
들도 어른들도 모두 슈퍼트리의 아름다움에 감탄해 마지않았다. 슈퍼트리는 지속가능에너
지를 상징하는 상징물이자, 지속가능에너지를 활용하는 에너지원 그 자체였다. 그리고 지

속가능에너지를 통해 변화할 희망찬 우리의 내일이며, 미래였다..

낮 동안 흡수한 태양에너지를 이용해 밤에는 환한 빛을 선사하는 슈퍼트리의 모습

슈퍼트리를 견학한 뒤, 아이들은 교사와 함께 지난 시간을 회고하며 슈퍼트리의 진정한 의의가 무엇인지를 생각해보는 시간을 가져보았다. 아이들은 슈퍼트리의 낮과 밤이 지구의 현재와 미래로 상통하는 것 같다는 다소 수준 높은 철학적 견해를 내놓아 교사를 놀라게 했다. 예성이는 지속가능에너지를 통해 자신이 원하는 미래를 상상했는데, 인간이 하늘을 날 수 있도록 돕는 장치와 쉬지 않고 운행하는 비행기 등을 현실화하는 수단으로써 지속가능에너지를 연상해냈다.

예원 낮 동안 슈퍼트리는 나무의 모습을 하고 에너지를 모아요. 식물이 태양으로부터 광합성을 해서 에너지를 만드는 것처럼 슈퍼트리도 태양열로 에너지를 모으잖아요. 그렇지만 에너지를 모으기만 하고, 그 에너지를 아직 쓸 수는 없어요. 이건 우리가 지속가능에너지를 개발하고 있는 현재의 지구의 모습 같았어요. 그래도 앞으로 지속가능에너지를 많이 모은다면, 저녁에 슈퍼트리가 라이트 쇼를 하는 것처럼 더 건강하고 멋있는 미래가 펼쳐질 거예요.

교사 현재 여러 나라에서 지속가능에너지를 많이 활용하지 못하는 이유는 아직 지속가능에너지에 대한 연구가 활발하게 이뤄지지 못 해서일 거야. 적은 양의 자원과 시간을 들여서 많은 양의 에너지를 만드는 것을 에너지의 효율성이라고 하는데, 지속가능에너지의 효율성을 높이기 위해서는 더 많은 연구가 필요하겠지. 그러기 위해서는 시민들이 지속가능에너지에 대한 관심을 더 깊게 두고, 정부에게 지속가능에너지를 연구하자는 의견을 제시해야해.

예원 선생님, 예전에는 석탄을 자원으로 했지만, 지금은 석유도 쓰고, 지속가능에너지같이 다른 에너지도 많이 만들고 있어요. 석탄으로 기차가 움직였지만, 지금은 전기로 가는 기차도 있고, 자기부상열차도 있잖아요. 시간이 지나면, 지속가능에너지로 움직이는 기차도 만들 수 있겠죠?

예성 선생님, 그럼 나는 지속가능에너지로 하늘을 나는 장치를 만들어보고 싶어요. 태양에너지로 만든 옷을 입으면 하늘에서 태양이 가까이 있으니까 계속 태양을 흡수하면서 날개가 움직이는 거예요. 그리고 봐봐요. 아 생각났다! 프로펠러가 바람으로 계속 전기를 만들죠? 그럼 영원히 나는 비행기가 있을 수 있어요. 왜냐하면 바람은 낮에도 불고 밤에도 부니까요.

이후 아이들은 지속가능에너지와 관련된 다양한 생각들을 화폭에 담기로 했는데, 예원이는 지속가능에너지를 상징하는 슈퍼트리를 중심으로 자연 속에서 행복한 미래 세대의 사람들을 그려냈다. 이때, 아이는 전날 슈퍼트리를 방문했을 때 수집해 온 다양한 팸플릿을 활용해서 클라우드 돔과 플라워 돔을 비롯한 슈퍼트리 전반의 모습을 자세히 묘사했다. 여러 슈퍼트리를 연결하는 거대한 스카이 브릿지에는 깨끗한 지구에서 행복해하는 미래 세대를 그렸고, 슈퍼트리로 향하는 길목에는 매연 없이 달리는 태양광 자동차를 그려내 지속가능에너지의 친환경적인 성격을 강조했다.

슈퍼트리를 그리는 모습

마지막으로, 마무리 단계에서 아이는 슈퍼트리의 기둥에 위치한 나뭇잎 장식이 실제 광합성을 하는 것처럼 반짝이는 모습을 표현했다. 또한 태양광 패널에서 태양열을 흡수하고 있는 것을 표현하기 위해 햇빛을 상징하는 붉은색 글리터 가루와 공예용 유리 조각을 활용했다. 아이는 입자가 더 고운 글리터 가루는 햇빛을 상징하고, 입자가

다양한 재료를 활용하는 모습

큰 유리 조각은 햇빛으로부터 만들어지고 있는 전기 에너지를 의미한다고 이야기했다. 예원이가 그린 그림은 슈퍼트리를 견학하면서 느꼈던 자연의 소중함과 지구 자원에 대한 경외심, 우리가 미래 세대를 위해 지향해야 할 방향성을 모두 담고 있는 그림이었다.

지속가능에너지의 활용상을 그리는 모습

한편, 예성이는 슈퍼트리를 방문하면서 지속가능에너지를 활용한 수많은 발명에 관심을 기울였다. 이 때문에 예성이는 평소 자신이 꿈꾸었던 발명품인 '하늘을 날 수 있는 옷'과 '비상 착륙 없이 영원히 움직이는 비행기'를 지속가능에너지로 현실화한 모습을 그렸다. '지속가능에너지로 영원히 날 수 있는 구름 모양의 날개와 새와 대화할 수 있는 번역기가 달린 옷'을 그리고 있다고 했다. 또한, 풍력발전기를 장착하여 연료 없이 영원히 날 수 있는 비행기도 그려 넣었다. 예성이는 지속가능에너지의 활용 가치가 무궁무진하게 발현될 수 있는 희망찬 미래를 기대하고 있었다.

지속가능에너지를 활성화한 미래의 모습을 그린 작품들

02 싱가포르 국제학교에서 지속가능에너지를 알려요

프로젝트의 확산 [싱가포르 내 주변 환경 변화시키기]: 지속가능에너지에 대한 관심 촉구시키기

아이들이 일상에서 가장 큰 영향을 주고받는 공간은 아이들을 둘러싼 미시적인 환경인 가정과 이웃, 그리고 학교다. 그중 학교는 사회적인 상호작용이 가장 활발하게 일어나는 공간체계다. 특히 싱가포르 국제학교는 다양한 인종의 교사와 학부모, 아이들이 함께 생활하고 있다는 점에서 지구 환경과 지속가능에너지에 대한 사회적 캠페인을 실시하기에 안성맞춤이었다.

싱가포르 국제학교에서의 캠페인은 아이들이 우연한 계기로 친구들에게 환경 오염과 지속가능에너지에 대한 관심을 촉구시킬 필요성을 깨달으면서 시작되었다. 싱가포르의 기후는 연중 고온 다습한 열대성 기후다. 사계절이 뚜렷한 온대성 기후에 익숙한 우리나라 사

람들은 싱가포르 국제 공항인 창이 공항에 도착하자마자, 덥고 습한 공기에 놀라곤 한다. 한국에서 싱가포르로 이주한 아이들은 기후로부터 비롯된 주변의 변화를 감지하는 데에 매료된다. 거대한 크기의 열대성 나무와 색색의 꽃, 도심 곳곳에서 볼 수 있는 아열대성 곤충과 파충류는 아이들이 일상에서 찾아낼 수 있는 색다른 재미다. 여느 때처럼 강한 오후의 햇살 아래, 싱가포르의 아이들이 학교 일과를 끝마치고 집에 돌아오는 시간이었다. 교사는 아이들이 통학하는 싱가포르 국제학교의 일상을 엿보고자 하교 시간에 맞춰 학교에 도착해 있었다. 마침 예성이는 함께 있던 또래 아이들에게 둘러싸여 있었는데, 이는 채집통 속 작은 생물 때문이었다.

채집통에 있는 도마뱀을 살펴보는 아이의 모습

예성 하루만, 딱 하루만, 내가 집에 데려가서 맛있는 것도 주고, 보살펴주고 관찰하고 다시 풀어줄 거야.

도마뱀은 싱가포르 기후에서 흔하게 서식하는 파충류로 사람들이 생활하는 곳에서도 층고가 높은 건물의 기둥을 타오르는 모습을 흔히 볼 수 있다. 그날 역시 교실로 들어온 도마뱀은 아이들의 사랑을 독차지한 주요 인사였다. 예성이의 담임 선생님께서는 아이들이 도마뱀을 관찰할 수 있도록 교실에서 일정 기간 도마뱀을 키워보기로 하셨고, 이때 아이는 특별히 도마뱀을 하루 간 집으로 데려와 탐구해볼 수 있는 기회를 얻게 된 것이다. 학교에서 제공받은 채집통 안에 도마뱀을 넣어 고사리손으로 조심히 운반하는 예성이의 모습은 스쿨버스를 운영하는 외국인 기사 아저씨와 친구들의 관심 속에서 유독 비장해 보였다.

예성 도마뱀은 머리가 작고, 귓구멍이 이렇게 뚫려 있대. 여기 이 부분이 귓구멍인 것 같아. 몸통은 비닐로 덮여 있고, 꼬리 끝이 뾰족하대. 이렇게 길고 뾰족한 꼬리 보이죠? 도마뱀은 위험한 상황에서 꼬리를 흔들어 적을 유인하고, 꼬리를 잘라내고 도망치는 습성이 있다고 해요. 어? 선생님! 그런데 어떤 도마뱀은 지금 멸종위기래요! 기후변화 때문에 서식지가 파괴되고 있어요. 지구를 오염시키는 에너지 말고 지속가능에너지를 사용해야 기후변화를 막을 수 있잖아요.

파충류 도감을 읽으며 도마뱀을 관찰하는 모습

하교 후 집에서 예원이와 예성이는 자신이 관찰하고 있는 도마뱀의 종은 무엇인지, 도마뱀을 비롯한 파충류의 서식지와 습성은 어떠한지 등을 책과 인터넷으로 조사해보았다. 그리고 이 과정에서 수많은 열대성 도마뱀들이 멸종위기동물로 지정되어 있다는 사실을 알게 되었다. 이때 교사는 멸종위기동물과 관련된 환경오염 실태를 통해 지속가능에너지의 중요성을 다시 한번 상기시키면서 생태계의 파괴를 막을 수 있는 환경 운동을 싱가포르 국제학교에서 전개할 것을 제안했다.

교사 맞아. 그럼 우리 기후변화로 인해 멸종되는 동물들을 알아보고, 학교에서 친구들에게 지속가능에너지를 사용하자고 이야기해볼까?

예원 좋아요. 북극곰이 바다에서 물고기를 사냥할 때에는 얼음 위에서 쉬어야 하는데 지구온난화로 얼음이 녹아서 사냥을 나갈 수가 없대요. 지구 온난화 때문에 지구가 점점 더워지고 있으니까요. 탄소배출을 줄이려면 지속가능에너지가 최고의 방법인 것 같아요. 이 북극곰은 너무 말라서 뼈가 다 보일 것 같아요. 프로젝트 발표시간에 친구들에게 멸종위기동물이야기와 함께 환경보존을 해야 한다고 알리고 싶어요.

예원이는 '생물다양성과 환경 보존의 필요성'을 주제로 일과 시간 내 교내 프로젝트 발표 시간에 프레젠테이션을 하기로 했다. 그래서 아이는 자신이 그린 그림과 인터넷에서 검색한 실물 사진을 바탕으로 직접 발표 자료를 만들었다. 이를 위해 예원이는 직접 ppt를 제

환경 보호의 필요성을 발표하는
아이의 모습

작하고, 대본도 작성하여 연습에 돌입했다. 그 주 금요일, 예원이는 아침부터 준비한 발표 대본을 숙지하기 위해 연습에 연습을 반복한 뒤 학교로 발걸음을 향했다. 미리 아이의 담임 선생님께 부탁드려 발표 모습을 촬영한 사진을 전달받을 수 있었는데, 담임 선생님께서는 사진을 주시면서 주제를 효과적으로 전달하기 위한 매체를 만들어온 준비성, 자신이 발표하는 주제에 대한 진지한 태도를 칭찬해 주셨다. 떨리지는 않았냐는 질문에 예원이는 "전혀 떨리지 않았어요. 우리 반 친구들 모두 지구에 이렇게 많은 종류의 동물들이 살고 있는지 몰랐다면서 모든 동물을 보존해야 한다고 했어요."라고 대답했다.

이후에도 아이들은 친구들뿐만 아니라 선생님을 비롯한 학교에서 일하는 수많은 어른들(버스 기사 아저씨, 급식 아주머니, 외국인 선생님과 도서관 사서 선생님 등)에게까지 환경 보호 운동이 이뤄져야 한다고 주장했다. 이를 위해 주말 동안 지구를 지키기 위한 지속가능에너지를 알리는 피켓을 만들고 싱가포르 국제학교에서 피켓 운동을 전개하기로 했다.

예성 선생님! 누나는 더러운 지구를 그리고, 나는 깨끗한 지구를 그리는 게 어때요?

교사 좋은 생각이다! 사람들이 서로 다른 지구를 보고 어떤 지구가 더 좋은 미래일지 생각해 볼 것 같아.

예원 선생님! 지속가능에너지로 깨끗한 지구를 만들 수 있다는 것도 같이 알려요. 한국에 있

깨끗한 지구와 오염된 지구를 그리는 아이들의 모습

을 때는 매일 미세먼지가 위험인지 보통인지 확인하고, 바깥 놀이도 못 하고 어떨 때는 마스크도 껴야 했어요. 그걸 오염된 지구에 그릴 거예요. 그리고 이건 배에서 기름이 유출된 거예요. 물고기들이 죽고 있어요.

아이들이 자발적으로 피켓에 담을 메시지와 그림을 결정하고, 환경 보존의 방안으로 지속가능에너지를 연결해낸 것은 교사에게 있어서 굉장히 고무적인 순간이었다. 곧이어 예성이는 푸른 하늘과 새, 깨끗한 바다와 물고기 등의 모습과 나무가 가득한 지구의 모습을 그려냈다. 예원이는 미세먼지로 고통받았던 한국에서의 지난날을 회상하며 오염된 지구를 그렸다. 유조선으로 인해 초래된 물고기 떼의 죽음, 공장에서 뿜어내는 수많은 매연으로 뒤덮인 대기권은 보는 이로 하여금 충분한 경각심을 줄 수 있는 그림이었다.

예원이는 싱가포르 국제학교에 외국인 선생님들이 많다는 점, 학교에 있는 모든 어린이와 어른이 피켓의 의미를 알아야 한다는 점을 고려하여 영어로 문구를 작성했다. 아이가 생각해 낸 문구는 "지구가 아파요. 변화가 필요해요, 우리 모두 변해야 해요." 하는 메시지였다. 교사는 이를 조금 더 감정적인 동요가 필요한 메시지로 변경하여 "지구가 그만하라고 외치고 있어요! 나는 변화를 선택할래요."라는 표현으로 번역해주었다.

피켓에 영어로 문구를 적는 모습

예원 깨끗한 지구를 선택해야 한다고만 하면 안 되고, 그렇다면 어떻게 깨끗한 지구를 만들지도 말해야죠. 그게 바로 지속가능에너지라는 것을 말해줘야 해요.

아이는 교사의 생각보다도 피켓 운동의 의의를 훨씬 잘 이해하고 있었는데, 사람들에게 단순히 지구가 오염되고 있다는 사실만을 전달할 것이 아니라 문제를 해결하기

'지속가능에너지'를 나타내는 피켓을 제작하는 모습

피켓 운동을 하는 싱가포르 국제학교
아이들의 모습

위한 대안으로 지속가능에너지라는 방안을 확실하게 관철해야 함을 주장했기 때문이다. 그리고 지속가능에너지를 상징하는 '슈퍼트리'는 싱가포르에서 살아가는 대부분의 사람에게 익숙한 존재였기 때문에 그 의미를 전달할 수 있는 매개라고 생각했다. 그래서 예원이는 자신이 그렸던 슈퍼트리 그림을 인화하여 피켓을 만드는 데 활용했다. 아이는 '우리의 삶을 바꿀 수 있는 방법이 지속가능에너지'라는 말을 쓰고 싶다고 이야기했고, 이를 짧게 요약해서 "Change Our Lives, Sustainable Energy(세상을 바꾸자, 지속가능에너지)"라고 정했다.

주말이 지나고 난 뒤 아이들은 하교 시간에 맞춰 준비한 피켓을 들고 싱가포르 국제학교 곳곳을 행진했다. 예성이는 1층에 위치한 유아반과 도서실, 스쿨버스 라인과 학교 정문, 누나 예원이의 교실이 위치한 건물 2층까지 "깨끗한 지구를 만들어요!"라고 외치며 힘찬 피켓 운동을 전개했다. 예성이 뒤에는 무리 지어 따라다니는 친구들과 피켓을 들고 함께 행진에 동참하는 친구들로 가득했다. 해당 사건은 싱가포르 국제학교의 많은 아이들이 힘을 모은 사건이었다.

아이들이 만든 지속가능에너지 프로젝트 피켓의 모습

싱가포르 국제학교에서 친구들과 선생님을 대상으로 전개한 캠페인은 아이들이 일상에서 형성해 온 인간관계를 바탕으로 한 보다 미시적인 사회체계에서의 시민운동이었다. 교사는 한국에서처럼 싱가포르 현지에서도 시민 사회의 불특정 다수를 대상으로 한 거시적인 사회운동으로 확장하는 것은 어떨지 아이들에게 제안했다. 이로써 우리는 한국에서 시작된 사회적 캠페인을 지구촌으로 확장할 기회를 얻게 되었다.

우리는 우선 싱가포르 현지 내 어떤 곳에서 환경 운동을 전개할지를 상의해보았다. 우리는 사람들이 많이 밀집해 있으면서도 자연의 소중함을 느낄 수 있는 공간으로 싱가포르 동물원을 선택했다. 싱가포르 동물원은 자연 친화적인 생태 동물원으로 유명한 곳이다. 동물원의 면적 전체가 열대 우림처럼 이루어져 있으며 울타리나 철조망을 최소화하는 대신 웅덩이나 나무, 바위 등의 자연물을 경계물로 활용한 개방식 동물원이다. 사람들은 이곳에서 2,800여 마리의 동물들과 40여 종의 멸종위기동물을 볼 수 있다. 내부에 위치한 산책로를 걷는 도중에도 동물원 측에서 방목해서 기르고 있는 다양한 동물들과 별도의 경계선 없이 직접 눈앞에서 교감할 수도 있다. 동물원 내부 자체가 거대한 하나의 자연이자 지구를 상징하는 것과 같은 심리적 환상을 느낄 수 있기 때문에 이곳에서 환경 운동을 전개한다면 사람들의 공감과 관심을 획득할 수 있을 것 같았다.

싱가포르 동물원 입구에서 아이들의 모습

이윽고 동물원에 도착한 다음 우리는 매표소로 향하는 입구 앞에서 피켓을 들고 간단한 사진 촬영을 했다. 동물원 초입은 내부로 들어가기 위해 모든 사람의 발길이 한 방향을 향하기 때문에 사람들의 시선이 분산되지 않고, 오롯이 아이들에게로 집중되기에 적합했다. 처음으로 모르는 사람들을 대상으로 피켓 운동을 한 아이들은 다소 민망하고 어색해했지만, 시민들이 피켓에 관심을 보이면 문구를 더 잘 볼 수 있도록 피켓을 높이 치켜들기도 했다. 몇몇 어른들은 응원의 메시지를 전달하면서 환경을 지키기 위해 노력하는 아이들의 모습이 사랑스러운 듯 미소 짓기도 했다.

싱가포르 동물원은 입구부터 열대 나무와 꽃을 무성하게 조성해 놓았기 때문에 마치 자연 속으로 걸어 들어가는 듯한 착각을 들기도 했다. 우리는 차에서 내리자마자 울창한 숲에 온 것 같은 기분을 느끼며, 싱가포르의 열대 기후에서도 간간이 느껴지는 상쾌한 바람과 은은하게 풍기는 꽃향기를 음미했다. 기분 좋은 설렘을 느낀 아이들 역시 신이 나서 종종거리며 발걸음을 재촉했다. 재촉하는 발걸음 속에서도 한 손에는 피켓을 꼭 쥔 채 동물원을 방문한 목적을 잊지 않으려는 듯한 아이들의 모습에 알 수 없는 사명감이 타오르기도 했다.

동물원으로 들어가자, 피켓을 들고 다니는 아이들을 보고 인형 탈을 쓴 싱가포르 동물원의 마스코트가 다가왔다. 인형 탈을 쓰고 싱가포르 동물원을 홍보하는 일을 하는 직원은 아이들이 들고 있는 피켓의 문구를 소리내 읽어보더니 깜찍한 시민운동을 자랑스러워해 주었다. 싱가포르 동물원의 마스코트인 오랑우탄은 싱가포르 국민들에게 가장 사랑받는 동물 중 하나인 오랑우탄 '아멩'을 상징한다. 1990년대 싱가포르 관광청의 특별 대

동물원의 마스코트 오랑우탄 '아멩'과 함께 있는 아이들

사로까지 임명되었던 아멩은 싱가포르 동물원에서 '오랑우탄과 함께 아침 식사를'이라는 프로그램의 주인공이었다. 귀여운 오랑우탄 인형으로 인해 인파는 몰렸고, 우리에게 다가온 다른 아이들과 어른들 역시 지구 사랑 피켓 운동을 향해 박수 쳐 주었다. 아이들은 조금이나마 긴장이 풀렸는지 더욱 밝은 목소리와 표정으로 "지속가능에너지로 지구를 살려야 한다"라는 메시지를 전달하는 데 몰입하기 시작했다.

참고로, '오랑우탄'이라는 어원은 말레이어로 '숲에 사는 사람'이라는 뜻이다. 그만큼 인지수준이 높은 동물이지만, 최근에는 바이오 에너지 생산을 위한 팜 농장 건설로 서식지를 위협받아 멸종위기동물로 지정되었다. 우리는 지구를 살리는 방안으로 '지속가능에너지'를 외치지만, 참 역설적이게도 그 지속가능에너지의 개발을 위해 또 다른 차원의 환경 파괴를 자행하는 인간의 이기심을 동물들이 과연 어떻게 받아들일지를 생각해보니 아이러니했다. 나중에 아이들과 함께 이 문제에 대해 대화를 했을 때 아이들은 '지속가능에너지를 올바른 방법으로 개발하고 사용하는 것이 중요하다'는 의견을 제시했었다.

동물원을 본격적으로 둘러보기 위해 잠시 피켓 운동을 접어두고 아이들과 함께 관람을 시작했다. 개방식 동물원의 특성상 우리는 마치 밀림 한복판에 들어와 있는 듯했기 때문에 아이들은 동물원을 둘러보면서 '탐사', '모험', '여행' 등의 단어를 자주 말했다. 싱가포르 동물원은 동물들의 서식지역에 따라 구역을 나누어 배치해서 아이들과 함께 어떤 동물이 어떤 환경에서 서식하는지를 파악하면서 관람할 수 있었다. 또한 사진을 찍고 있거나 잠시

휴식을 취하고 있을 때면 어김없이 개방형 사육동물들이 다가와 동물을 가까이에서 지켜볼 수 있어 색다른 재미를 느낄 수 있었다.

싱가포르 동물원에는 관람하는 동안 곳곳에서 멸종위기동물의 심각성을 다루는 설치물들을 비치해 놓았다. 그러나 부정적인 현실 속에서도 희망의 끈을 놓지 않고 조금은 밝은 미래를 이야기하고자 노력하고 있었다. 예컨대, 멸종위기동물이 전 세계에 얼마나 많이 있는지를 경고하면서도 그 동물들을 위해 시민 사회에서 어떤 노력을 기울이고 어떤 프로젝트를 진행하고 있는지를 게시해 놓았다. 그리고 동물원을 방문한 사람들에게 어떤 프로젝트가 가장 의미 있다고 생각하는지, 가장 동참하고 싶은 프로젝트는 어떤 것인지를 투표하도록 하는 게시물도 있었다. 여기에서는 해당 프로젝트와 관련된 링크를 QR코드로 연결해 시민들이 그 자리에서 멸종위기동물을 위해 전 세계에서 진행되고 있는 프로젝트에 기부하고 각종 참여에 동참하도록 유도하고 있었다. Together Worldwide! 환경과 관련된 문제는 역시 전 세계인이 함께 하나 되어 노력해야만 이룰 수 있는 성과일 것이다.

멸종위기동물을 위한 시민단체의 프로젝트를 안내하고 참여를 유도하는 게시판 | 환경 보호 게시판 앞에서 외국인과 사진 촬영하는 아이들의 모습

예원 사람들이 이 글을 읽어보면 좋을 것 같아요. 잘 보지 않고 지나가는 사람들도 많은걸요.

교사는 아이들에게 의도적으로 동물원의 게시물들을 하나하나 읽어볼 것을 권유했다. 우리는 그런 게시글 앞에서 많은 대화를 나누었지만, 의외로 그냥 지나치는 사람들이 많았다. 아이들은 동물원을 방문하는 모든 사람이 멸종위기동물과 환경 파괴와 관련된 정보들을 인지하고 함께 노력해야 한다고 생각했다. 그래서 우리는 멸종위기동물 및 환경 파괴와 관련된 이슈를 다루고 있는 게시물 앞에서 피켓을 들고 사진 촬영을 하기로 했다. 아이들이 피켓을 들고 서 있을 때면 항상 주변에 있는 사람들의 관심을 받곤 했는데, 사람들은 자연스럽게 피켓 운동을 구경하면서 뒤에 게시되어 있는 멸종위기 관련 정보를 정독하게 되는 일석이조의 효과를 얻을 수 있었다. 또한, 이런 아이들에게 다가와 진행하고 있는 피켓 운동의 목적과 양상을 관심 있게 질문하며 함께 기념사진 촬영을 부탁하는 시민들도 있었다.

곧이어 아이들은 조금 더 인파가 많은 곳으로 이동하기로 했다. 싱가포르 동물원에서 한 공간에 많은 사람이 밀집해 있는 곳을 찾기 위해서는 애니멀 쇼가 운영되는 대극장이 적합했다. 아이들은 대극장에서 이뤄지는 다양한 쇼를 감상한 뒤, 쇼가 끝나는 시점에 피켓을 꺼내 들었다. 애니멀 쇼를 관람하기 위해 모여들었던 인파가 다시 동물원으로 발걸음을 돌리는 순간, 피켓을 든 아이들에게로 많은 이들의 시선이 집중되었다. 아이들은 이제 더는 부

애니멀 쇼가 진행된 대극장에서
피켓 운동을 하는 아이들의 모습

끄러워하거나 소극적으로 대응하지 않고, 보다 적극적으로 사람들의 관심을 유도하고자 노력하기 시작했다. 아이들은 언어적 혹은 비언어적 몸짓을 통해 전달하고자 하는 메시지를 강하게 표현했다. 함께 사진을 찍어주는 시민들부터 아이들을 격려하는 이들, 이름이나 나이를 묻고 어떤 활동을 진행 중인지 대화를 요구하던 또래 어린이들, 한번 흘깃 눈길을 준 뒤 돌아서는 사람들 등 다양한 반응이 동시다발적으로 이뤄졌다. 하지만 한 가지는 분명했다. 아이들이 쏘아 올린 작은 공이 동물원을 관람한 뒤 집으로 향하는 많은 이들의 가슴에 큰 울림을 선사할 것이라는 점이다. 어느덧 해가 뉘엿뉘엿 저물고 이내 저녁이 찾아왔다. 아이들은 동물원 곳곳에서 충분히 관람하지 못했던 곳을 자유롭게 찾아다니며 구경하는 시간을 가졌다. 이때는 피켓을 들고 걸어 다니면서 일종의 거리 행진과 같은 퍼

포먼스를 진행했는데, 아이들이 스스로 동물원을 돌아보는 루트가 생각보다 광범위했기 때문이었다.

어느 인도 출신 싱가포르 교민　이런 뜻깊은 활동을 아이들이 공공장소에서 용기 내서 하는 모습에 감명받았습니다. 아이들이 이런 기회를 가진 유년기를 보낼 수 있다는 게 행운인 것 같아요.

어느 싱가포르인　저희 아이들도 함께 피켓을 들고 활동할 수 있을까요?

어느 미국인　이렇게 어린아이들이 환경을 지키는 방법으로 지속가능에너지라는 것을 생각해냈다는 것 자체가 놀라워요.

　　야간 사파리 열차를 기다리는 줄에서도, 벽화 앞에서도 사람들이 많은 곳에서는 언제나 아이들의 피켓이 함께했다. 그중에서도 따뜻한 격려를 내밀며 다가온 성인들의 지지는 아이들에게 아주 큰 의미로 다가왔다. 아이들은 자신들이 어른들의 행동에 영향을 미쳤다는 것만으로도 뿌듯해했기 때문이다. 세계에서 가장 다양한 인종이 모여 사는 다문화 국가로 손꼽히는 나라 중 하나가 싱가포르라고 한다. 그런 싱가포르 내의 공개적인 장소에서 다양한 연령과 다양한 국가의 사람들이 함께 피켓 운동에 동참해준 것만으로도 아이들의 사회적 참여는 큰 성공을 거둔 듯했다. 병 들어가는 지구를 살리기 위해서는 범인류적 차원에서 세계 속 모든 사람의 협력이 필요하다. 아이들 역시 싱가포르 동물원에서 경험한 세계인들의 지지를 온몸으로 기억하며, 지구를 살리고자 하는 시민으로서의 책임감을 절실히 느꼈을 것이다.

처음 만난 현지 아이들과 함께 피켓 운동을 하는 아이들의 모습

04 지구촌 아이들이 힘을 합쳐 지구사랑 포스터를 만들어요

프로젝트의 마무리 [싱가포르와 한국 아이들이 함께 공감하기]: 지구 환경을 지키기 위한 시민 의식 함양하기

지속가능에너지 프로젝트를 진행했던 한국과 싱가포르 양국의 아이들은 서로 다른 공간과 시점에서 활동을 전개해 나갔지만, 같은 목적을 갖고 같은 이상을 지향했다. 아이들은 프로젝트의 마무리로 지속가능에너지와 깨끗한 지구를 주제로 한 협동화를 완성하기로 했고, 이 과정에서 함께 공감하고 교류할 만한 소중한 추억을 간직하게 되었다. 이렇게 완성한 그림은 훗날

지구사랑캠페인의 상징 포스터로 자리 잡았다.

싱가포르에서 만날 수 있는 대부분의 아이는 다문화 아이들이다. 그중에서도 예원이와 예성이가 가깝게 지내는 친구들은 말레이시아와 한국의 혼혈계 아이나 싱가포르 현지인, 중국계 화교 등의 아이들이다. 교사는 싱가포르와 한국에서 지속가능에너지 캠페인을 실천하고 있는 친구들이 함께 힘을 합쳐 지구 사랑 포스터를 완성해볼 것을 계획했다. 한국과 싱가포르에서 프로젝트에 참여했던 모든 아이의 손길이 닿은 협동 작품이야말로 이번 지속가능에너지 프로젝트의 포스터로 제작하기에 바람직하다고 판단했기 때문이다.

싱가포르와 한국의 아이들이 직접 만나서 교류하며 협동화를 제작하는 것은 물리적 거

리의 한계가 분명했기 때문에 교사는 '릴레이 그림'이라는 방식을 도입했다. 즉, 싱가포르 현지 아이들이 어느 정도 밑그림을 그려 놓으면 훗날 한국의 아이들이 해당 그림에 추가로 그림을 그리거나 채색을 하여 완성하는 것이다. 교사가 준비한 재료는 여러 명의 아이가 동시에 그릴 수 있고, 장기간 보관과 보존이 용이한 큰 크기의 광목천이었다. 싱가포르의 아이들은 야외로 나가서 커다란 광목천에 먹물로 자유롭게 밑그림을 그렸다. 아이들은 교사와의 대화 끝에 슈퍼트리와 함께 동시에 건강한 지구를 상징할 수 있는 매개인 '나무'를 그리기로 했다.

광목 천 위에 먹물로 나무를 표현하는 아이들의 모습

아이들은 자신들이 그린 밑그림을 한국의 친구들이 어떻게 완성할지를 매우 궁금해하면서 그림을 그렸다. 그림을 다 그린 이후에도 예원이는 계속 완성된 그림을 사진으로 보내달라고 부탁하며 협동 작품에 대한 기대를 보이기도 했다. 그림을 그리는 중간중간 열대기후인 싱가포르에서 스콜성 소나기가 한바탕 내리기도 했는데, 한국에서는 자주 듣지 못했던 폭포수와 같은 시원한 빗소리를 들으며 서로 다른 환경과 서로 다른 나라의 친구들이 함께하는 작업임을 다시 한번 실감할 수 있었다.

싱가포르 아이들이 그린 밑그림을 감상하는 모습

훗날 한국으로 돌아온 교사는 한국의 아이들에게 싱가포르의 아이들이 그린 밑그림을 보여주며 우리가 어떻게 이 작품을 완성할지를 물었다.

아이들은 나뭇가지에 풍성한 나뭇잎들을 그리고, 나무 옆에는 지구에서 살아가는 여러 어린이의 모습을 그리고 싶다고 대답했다. 또한, 나뭇잎 모양과 비슷한 손바닥 도장을 활용하면 좋겠다고 말했다.

핸드 페인팅을 할 때 노란색 물감은 꽃가루, 분홍색 물감은 꽃잎, 빨간색 물감은 태양, 초록색 물감은 나뭇잎을 의미한다며 아이들은 자연 속에서 볼 수 있는 색채를 연상하면서 물감 놀이를 진행했다. 이때 아이들은 미끌미끌하고 시원한 물감의 느낌이 마치 꽃 속에 가득한 꿀을 만지는 느낌이라며 자신들이 꿀벌과 나비가 된 기분이라고 색다른 비유를 하기도 했다.

핸드페인팅으로 나뭇잎을 표현하는 아이들의 모습

아이들은 지구에 사는 어린이의 모습을 그렸는데, 이때 자기 자신의 모습을 나타내기로 했다. 그래서 각자 자신의 생김새나 외적 특성을 고려해서 그려보았는데 싱가포르 친구들의 모습이 없어서 아쉽다고 말하기도 했다. 아이들은 저마다 자신이 상쾌하고 깨끗한 자

지구사랑 포스터를 완성하는 아이들의 모습

지구사랑 메시지를 담은 협동화

연 속에 있어서 행복한 사람이라며, 모두 웃는 모습으로 그림을 그렸다.

아이들은 지구 사랑이라는 주제 의식을 갖고 서로 같은 가치를 추구하며, 지속가능에너지 포스터를 완성해갔다. 여럿이 함께하는 활동의 가장 큰 장점 중 하나는 아이들이 공동체 의식을 함양할 수 있다는 것인데, 이는 지구에서 살아가는 모든 세계 시민들이 함께 지향해야 할 부분일 것이다. 이날 함께 그림 그리던 아이들의 얼굴에서는 미소가 끊이질 않았다.

싱가포르와 한국이라는 서로 다른 공간에서 지구 환경을 보호하기 위해 시작했던 프로젝트는 대장정 끝에 마무리되었다. 그러나 지금 이 순간에도 아이들은 지속가능에너지를 알리고 지구를 지키기 위한 어린이 시민의 책임을 잊지 않았을 것이다. 서로 다른 사람들과 함께했던 지난날의 값진 경험이 앞으로 아이들이 맞이할 눈부신 성장에 충분한 자양분이 될 것이라고 교사는 믿어 의심치 않는다. 훗날 이 아이들은 건강한 지구의 바람직한 민주 시민으로 자라날 것이다.

지구사랑 어린이 시민 모임 일동